楽観の時代

70年代講演録から読み解く

戦後世代が築いた「現在につながるゼロ年代」

1970▷1979

監修 御厨 貴

編集 村井良太

企画 一般社団法人 内外情勢調査会

源田 実

木村 俊夫

福田 赳夫

二階堂 進

盛田 昭夫

土光 敏夫

河野 洋平

田中 六助

時事通信社

刊行にあたって

御厨 貴

私が内外情勢調査会から本書の企画を相談されたのは、約1年前にさかのぼる。内外情勢調査会とは、経営者や官公庁の代表者など各界の要人が加入している、いわば会員制サロンだ。時事通信社の関連団体でもある。私自身がその内外情勢調査会で講演を行った後に、同会と時事通信出版局の担当者から話があった。

1954年設立の同会は間もなく70周年を迎えるが、過去の講演会の記録が古い時代のものでも残っている場合があるという。その中で記録の保存状態の良い講演を一覧にしたリストを渡された。私がその場でざっと目を通すと、第一線で活躍した政財界の大家が主に70年代から連なっていた。これは大変なものが残っているなと瞬時に思った。

——著作権者の了解がいるが、例えばいくつかを選んで、講演録の選集として書籍化することは考えられるだろうか。

私はそう聞かれたとき、もちろんできるでしょう、と即答した。貴重な記録であるし、ぜひ次世代に残すべきだと考えたからだ。

　そして、書籍化の際の監修者となることをその場で了承した。

　こうしてある種、使命感をもって引き受けたものの、そこからの作業は苛烈を極めた。何しろリストにある講演数が膨大で、例えば70年代だけで100を超えていた。そこでまず年月日と講演者から講演内容を推測し、候補を絞ることからスタートした。当時の時勢において重要人物を講師（講演者）に招いているのだから、まさにこのタイミングでこの人か、と膝を打つことも少なくなかった。結果、この段階で厳選するつもりが、候補が多く残ることになる。

　それから講演内容を一つ一つ確認していくのだが、この作業にはかなりの時間を費やした。それぞれの講演自体の面白さを感じながらも、私はまず読者のことを考えた。書籍にしたときに果たしてどう読まれるであろうか、時代を映す史料としての価値があるであろうか。私は自分の中に一定の基準を設けて、選定していった。

　それでいよいよ本になると想像されるかもしれないが、実はここからが山場である。講演を書籍化するには著作権者の許諾が必要なのだ。著作権者とは講演者本人が一般的だが、ご存命でない場合はご遺族になる。本講演録も70年代に活躍した方々だから、ご本人のケースは少ない。そうすると、著作権者を尋ね当て、そこから交渉に入ることになる。著作権者がスムーズに見つかるとは限らないし、もちろん許諾が取れるとは限らない。それは、私がこれまでオーラル・ヒストリーで何度もたどってきた困難な道と同じだった。

果たして書籍になるだろうかと担当者らと案じながら、できる限り収録したいと祈るような気持ちでいたところ、予想外に多くの方から許諾をいただくことができた。本書の趣旨を理解してご了承いただいた著作権者の方には、この場を借りて御礼を申し上げたい。

そうして8人の方の講演を奇跡的に掲載できることになったが、これが偶然にも70年代という時代を俯瞰《ふかん》して見られる書籍になることに私は気づいた。それならば、読者に向けて70年代を分かりやすく解説する本にしたい。そこで私はすぐに適任者を思いついた。日本政治外交史を研究し『佐藤栄作』の著書もある、駒澤大学の村井良太氏だ。彼に打診すると、細かいことは何も確認せずに快諾してくれた。後に彼も本講演録の膨大な編集作業に悩まされることになるのだが。

とにもかくにも全体像の見えない霧のような状態から様々なご縁がつながり、本書の刊行をみるに至った。

内容が難しそうと思った方も心配しないでほしい。確かに世の中には一般向けの講演なのに専門的過ぎて何だかよく分からないものも存在するが、この内外情勢調査会の講演会は聞き手の皆さんに理解してもらおうという意識が強く感じられる。だから、時に深入りしそうになった場合に話を転換したり、できるだけ分かりやすい表現を使ったりする工夫が見られる。

それに、私は常日頃、講演とは明日の活力を得るもの、つまり講演を聞いて元気になる、明日も頑張ろうと思えるものだと考えているが、本書収録の8講演ともそれに該当する魅力が詰まっている。だから、とてもうれしい。

読者におかれては、どうか楽な気持ちで講演を楽しんでいただきたい。そしてそれが明日を生きる活力となれば幸いである。

一般社団法人 内外情勢調査会―概要

報道機関の株式会社 時事通信社が、公正な世論の醸成を目的に、１９５４年12月に設立した。企業経営者や中央省庁・地方自治体トップなどをメンバーとする会員制の団体で、国内外の諸情勢に関する知識の向上と理解の増進のための講演会事業を、全国の主要都市で手掛けている。

会合では、閣僚や経済団体首脳、著名文化人などを講師に招聘《しょうへい》しており、現職の首相や日本銀行総裁が講演する珍しい会として知られている。

本書は、この団体の設立70周年を記念して企画したものである。

https://naijyo.or.jp/

70年代講演録から読み解く
楽観の時代

監修　御厨 貴
編集　村井 良太

目次

刊行にあたって　御厨 貴　1

巻頭特別企画1
刊行記念対談　御厨 貴×村井 良太　8

巻頭特別企画2
1970年代〜現在につながるゼロ年代〜をたどる　村井 良太　36

内外情勢調査会 講演録 ——本編—— 57

Ⅰ 1971年1月21日 参議院議員 源田 実 61
Ⅱ 1971年7月14日 経済企画庁長官 木村 俊夫 95
Ⅲ 1972年1月24日 外務大臣 福田 赳夫 125
Ⅳ 1973年1月25日 内閣官房長官 二階堂 進 157
Ⅴ 1973年7月16日 ソニー株式会社代表取締役社長 盛田 昭夫 189
Ⅵ 1975年1月27日 経済団体連合会会長 土光 敏夫 213
Ⅶ 1977年2月21日 新自由クラブ代表 河野 洋平 249
Ⅷ 1979年5月23日 内閣官房長官 田中 六助 289

解説 村井 良太 325

主な引用・参考文献 358

巻頭特別企画1

刊行記念対談 御厨 貴×村井 良太

本書収録講演の選定から関わった御厨貴氏と、講演録の編集および解説の執筆を担当した村井良太氏が対談を行い、1970年代の時代性や本講演録（Ⅰ〜Ⅷ）の見どころをたっぷり語ります。なお、講演録を読み終えてから本対談を再読するのもお勧めです。誌上読書会に参加しているような気分でお楽しみください。

（編集部）

新たな時代認識——楽観の時代

御厨　1970年代は昔から何か不思議な時代だと思っていました。どうしてかと言うと、戦後1945年以降の日本の歴史を捉える場合、いろいろな切り方があるんですが、大体、これまでは「戦後〜年」とすることが多かった。つまり、55年は戦後10年、65年は戦後20年と。ところが、その後、75年は本当ならば戦後30年だけど、その言い方はあまりやらなかった。60年代の間に、「戦後」という言い方や、「昭和」という元号で時代を規定することよりも、「60年代」「70年代」という言い方になった。西暦で10年をくくる形、まさにこれがこの時期の特徴だと思うんですよ。

なぜ「戦後」を使わなくなったのかと考えると、戦後20年で、それまでやってきた日本の政治の流れが、一応終わったんです。戦後20年のちょっと前、1964年にいわゆる生存者叙勲が再開されて、吉田茂に代表される戦後政治をずっと担ってきた人たちが一挙に授与された。今はいろいろな人が叙勲を受けていますが、あの時は間違いなく戦後政治、つまり戦後の復興に関与した政治家や財界人、そういう人たちにどっと出したわけですよ。逆に、戦前の軍人や戦前活躍した人は駄目だった。結局、戦後政治を担ってきた人たちに勲章を出すことによって、**一つの時代の区切りをつけた。それが戦後20年**だったわけですね。

村井　1970年代を考える前提として、戦後ゼロ年からの数え方が次第に希薄化していく、そして時を同じくして再開された生存者叙勲によって、敗戦からの回復、もしくは戦後の新しい国づくりに貢献した人々に評価が与えられたというのはとても興味深い指摘です。

御厨　それから後をどういうふうに考えるか。戦後20年からその後に目立った現象といえば、いわゆる高度成長に他なりません。池田勇人が政権を取って（60年7月〜64年11月）、大体戦後15年ぐらいから戦後20年に高度成長が現実化してきた。果たしてそれが一体どういう果実を生んでいくのかというのが、70年代の課題だったんです。つまり、60年代に既にあっという間に日本は高度成長が進み、これから一体どうなるんだろうかという漠然たる不安があった。しかも60年代の終わりには、村井さんも指摘しているように（43頁参照）、間違いなくここで、学生の紛争に始まる社会反乱があった。

しかし70年代になると、それも抑え込まれていくわけですね。だから、全体としては相対的安定の中で小さな反乱があった。それもだんだん抑えられていくこの時期をどう捉えるのかというのは、実は非常に大事な問題だったと思うんです。

今回私が何人かの政治家と財界人の講演を選んで、並べて読んだときに感じたのは、彼らはみんな、「今は危機の時代」に近い表現をしていること。つまり高度成長はまだ終わってはいないんだけど、その後徐々に石油ショックが来たりもしますからね。そうすると、その時代をどうやって乗り越えていくんだろうかという話に、経済の面からも政治の面からもなるわけです。このまま放っておいたら日本経済はひどくなりますよとか、オイルショックで大変ですよとか、そういう危機の言葉をどんどん使いながらも、現在だったらほぼ絶望的な言葉しか出ないような状況であるにもかかわらず、**日本人と日本の努力によってそれを乗り越えることができるという暗黙の前提**が、今回の講演者の中にほとんどと言ってよいほどあるわけです。みんな、もうこれから自民党政権危ないとか、2年ごとに政権が変わったとか、角栄捕まっちゃってるとか、そういうことを言いながらもね、その論調は基本的に明るさを持っている。

つまり70年代というのはそういうどこか明るさを前提とした時代。今の時代はおそらくみんな絶望的な言葉を使って、本当に出口がない。70年代はそれを最終的には乗り越えていくことができると考えている。それを私は「**楽観主義**」と言っています。どうでしょうね、そういう時代設定は。

村井　大変面白い話ですね。私は院生の頃に最初のアルバイトで、兵庫県明石市の地方史の70年代、80年代を書く仕事をしてから、70年代にはずっと関心を持ってきました。よく言われるのは、**明るい希望に満ちた60年代と金ぴかの80年代に挟まれて、ある種暗い70年代**。実際ニクソン・ショックやオイルショックがあり、戦後日本が復興の条件としてきた好条件が全部なくなっていくような時代でした。御厨先生の「楽観主義が通底している」というお話はこれまで考えてきませんでしたが、確かにそうだなと思いますし、**暗い中でも明るさを持っている**というのが非常に興味深いですよね。

御厨　もう一点だけ付け加えておくと、あの時期は公害の時代。要するに科学技術は悪を生み出すんだということが分かっていながら、これに対しても楽観的なんですよ。つまり、その公害も、いずれ環境問題として乗り越えていくことができると。日本の科学技術は、まだまだこんなものではない。だからこれから**70年代で科学技術の発展があれば、必ずやその負の部分を全部克服していく**というように思われていた。これは今日《こんにち》から見ても不思議議で、70年代も結構自然災害や公害があったにもかかわらず、やっぱり出てくる言葉は、日本は頑張れば乗り越えられる。この言葉だけですよ。

実は、しょっちゅう自然災害を起こしたら、科学技術の発展があってもどうにもならん、日本は大変なことになると考えるようになったのは1995年、戦後50年の阪神・淡路大震災の勃発ですよ。それまではみんな考えていなかった。今言ったように科学技術で何でもやれば、それで乗り越えられると思い込んでいたからです。

それから何人か講演で触れていますけど、**日本は資源が足りない**と。これはもう戦前から足りない国なんだから、資源でもって何とかするのではなく、あくまで貿易だと言うわけです。だから、**どんなことがあっても貿易をちゃんとやっていればと考えた。**もう既にあの頃、GNP第2位と言って、アメリカの次には日本だって、これも疑わないです。もっと駄目になったらどうしようかとは全然考えることなく、その中で今後日本はどう発展していくかという発想が出てくる。

この楽観主義というのは、講演者の話の背骨になっている。それが今回この講演録を読んだときの第一印象でした。

村井　１９７０年代は時に１９３０年代と比較されてきました。二つの時代を並べてみると、国際秩序が非常に変動していく中で、従来の豊かな時代が終わっていくという話です。御厨先生の明るさを感じるというところで思ったのは、明治以降の日本も営々と人々を育てていって、第一次世界大戦ぐらいにある種豊かな社会が生み出した人材がだいぶストックされていたのですが、30年代は端的には間違った方向で使ってしまったというか、もったいない潰し方をしてしまった。そういう意味でいうと、70年代もいろんな国際秩序の変動や日本の環境の変化に揺られそうに見られながらも、そこにやっぱり**人が育っていたのかなと。**

戦後を創ってきた人がそこに活躍の場を見いだしていくのかなと感じました。そういった世代であるとか、人の変化については、先生はどうお感じになりますか。

御厨　それはまさにその通りであって、戦後を支えた最初の第一世代っていうのは、戦前にいろいろ痛い目に遭った人たちですよね。彼らが戦後の復興を支えて、さっき言ったように、大体戦後20年で「ありがとうございました」となった。その後、おそらく**戦後の大学を卒業して社会に出ていった人たちが支え始めるのが、大体70年代**ですよ。

70年代はこの人たちが中心になって、もっとその後まで続くことになるんですけれども、彼らは基本的に教育としては、**戦後民主主義**の影響を受けた。もっとも、それがいかに欺瞞《ぎまん》であるとか、いかに偽善であるとかという批判は、後からみんな言います。だから戦後日本の民主主義のあり方を批判しながら、現実的な対応としては、実は素直にそれを受け取っていた。東南アジアにビジネスマンが出ていくのも、昔のような大東亜共栄圏ではなく、対等にやっていくという気分はありました。それでも日本人の側の主観にすぎませんから、もちろんいろいろな争点が出てきたりするのですが、まあまあそういう形で外へ出ていくことができた。

そして、この頃戦後民主主義を背景に、ある種の**立身出世モデルが確立をします**。「会社人間」と後に悪い意味で使われるけれど、そんな単純なものではない。みんなが「会社人間」になれて、さらにはそこからどんどん上まで出世できる。そう。70年代ぐらいまでは、日本の官僚は、30代の後半で自分の家が持てたんですよ。持ち家政策と後に言うようになるけど、持ち家政策と麗々しくなくとも、官僚になれば40歳になる前に、自分の家が持てた。もちろん官僚以外の人たちでもいろいろあるけれども、中年になれば家を持て、そして自分の人生の設計では、これまた最終的には明るい未来に行き着くように考えられていた。だって、今日《こんにち》みたいに、〝じいさんばあさん〟がまだいっぱいいませんからね（笑）。

多摩ニュータウンができるのも70年代からです。今多摩ニュータウンに行ってご覧になると分かりますけども、ものすごく凸凹のある坂が多いんです。なぜあんな体裁にしたのか。今は年寄りがそのため住みにくいのです。あの当時は凸凹が多いからといって、高齢者が住めないなどと考えていない。いずれ年を取れば、もっと都心のいい所にどんどん家を買い替えるという発想、つまり多摩ニュータウンに一生住み続けるのではなく、より良き家に買い替えるというモデルを前提に、ここにずっと一生住むなんて考えないで、多摩ニュータウンを造ってしまった。

こういうことは、他にもいろいろありますよね。だから70年代はそのぐらい明るくて、今考えると、年を取るとどうなるかっていう老人問題、それから子どもの出生率が下がる少子化の問題、こうした問題は全く考えることなく、とにかくもう昨日今日明日、日本の未来が明るいということでやっていけたわけです。だから、この講演録のそれぞれの話の節々にも、それが反映されていて日本がいずれは駄目になるという話は出てきません。むしろ、そうならぬためもっともっと日本の未来を明るくするためにはどうしたらいいかという話になる。

ここが面白い! 各講演録の魅力

村井 私はこの講演録では、御厨先生が選ばれたものを読んでいくというところから加わりました。非常に面白いなと思いながら読んだのですが、どのように収録する講演を選ばれたのかはぜひ聞いてみたいところだったんです。

御厨 私は今回、基本的に経済人や財界人をあまり選ばなかったのです。特に銀行マンですが、彼らは講演の中で数字の話ばかりして、要するに生活感がない。ところが、本書で収録している土光さん（Ⅵ）とか盛田さん（Ⅴ）は生活感があるんですよ。もちろん土光さんなりの生活感であり、盛田さんの場合は圧倒的にアメリカを向いています。ただ、盛田さんはアメリカと競争していくことが日本にとってこれからいかに大変であるかを縷々《るる》述べているわけですが、だからといって、決して日本が駄目になりますよとは言っていない。相当な決意で頑張りましょうねっていう決意表明みたいな話になっている。だからこれは面白いですよ。

村井　政治家が見ている社会だけではなくて、やっぱり盛田さんと土光さんとか、この時期の日本をつくっているのは、もちろん政治だけではないわけですし、この向こう側には社会があるわけなんですけれども、そういうこの時期の日本政治の広がり、全体像を時代とともに感じさせてくださるなということを感想として思いました。

御厨　それから、ポスト佐藤の政治家たちを何人か選んだんですけど、福田さん（Ⅲ）は読んで分かるように、福田外交ないし福田の財政なり、そういうものを大臣の頃からもう既に確立した人だから彼に語らせるのが一番いいだろうと思って、外務大臣の頃の講演を選んだわけです。

一番面白いのは、やっぱり田中六助が大平正芳を語り（Ⅷ）、二階堂進が田中角栄を語っている（Ⅳ）ところです。おのおの当時側近と言われた二階堂進と田中六助が、どうも田中内閣は人気があんまりない、大平内閣も大平が何を言っているのか、〝あーうー大平〟で評判が立たない――こうした評価にイライラして、実は田中にはこういう良いところがあるんですよ、大平はああいうふうにしゃべりがはっきりしないけども、考えていることは確かですよと一生懸命しゃべる。要するに、「お側用人」の二人が懸命になって、この講演会で首相擁護論をぶっているわけです。こんなあからさまな首相万歳のごとき話は、これから後にはありませんよ。おそらく今なら、もう提灯《ちょうちん》持ちはやめろと言われてしまう。ところがこの時代はこれだけ提灯持ちをやっても、みんなちゃんと聞いてくれたんですよ。田中角栄ってそんなに偉い人なのかな、え〜大平ってあんな何かぬぼーっとしているけどそんな人なのかなと思われた。多分、今日《こんにち》みたいなSNSが発達してる時代ではありませんから、首相の身近にいる人から、直接こういう話を聞いて、そうなのかなとみんなが思えたというのは、70年代ならではだと思うのですね。

その中で河野洋平が新自由クラブに出たときのこの講演（Ⅶ）はやっぱり著しく面白い。河野洋平さんは、その後いろいろなことがあったから、話をするとやっぱり何となく暗いところがあります。何か自分がやったことがあまりうまくいかなかったという前提で話をする傾向がある。ところが、この時の河野洋平は団地に行ったら、窓から主婦が顔出して、「洋平さん」と言って手を振ったという、そういう時代ですから。ものすごく自信がある。その自信のある彼が、だからといって自民党よ潰れろ、あるいは社会党よ潰れろとは言っていない。

村井　そうでしたね。

御厨　その二大政党がもう処理できないものがあるから、それを新自由クラブとしてはやるという形で、三木内閣から飛び出したということが分かる。つまり、三木内閣自体が非常に異端の内閣だけども、その異端の内閣の時代にまた異端の連中が党外へ出たわけです。だから、そういう点で言うと、明るい野放図さみたいなある種の面白さが出た。

ちなみに、三木武夫そしてポスト佐藤の最後を締めくくる中曽根康弘、この二人は実は占領期、昭和20年代の政治の時には第二保守党にいます。つまり、保守本流を誇った吉田派自由党にはいなかったにもかかわらず、保守合同まで生き残ったあげくに自民党に合流してしまった——岸信介《のぶすけ》は三木を絶対入れるなって言ったのに、入ってきた人ですからね。その二人が70年代から80年代にかけてポスト佐藤の早い段階で三木、一番最後に中曽根という形で総理大臣になった。最近にはあり得ない大変な自民党のダイナミズムとも言うべき事態ですよ。主流派だけじゃなくて、かつてそれと対立した対抗政党から出てきた二人が最終的に総理になっている。つまり、人材として育ったわけですよ。その一つの証明になっている70年代の面白さであると思いますが、どうでしょう。

村井　冒頭で先生がおっしゃった70年代が不思議な時代に見えるということの一因にもなるかもしれないのですが、やはり事後評価――今から見て私たちが考えている70年代と、同時代評価――その時期を生きている人が考えていることがずいぶん違いそうだと感じました。70年代を生きてきた人、彼ら自身が解釈を塗り直しているのかもしれない。そういう意味でも非常に同時代講演というのは面白いと思いました。

他に気づいた点として、講演録は70年代初めから後半まで順に揃っていますが、その中で変化が見られることです。冒頭、70年代初めはアメリカの大きな変化というところから始まっていてそれにどう対応するかという話。戦後復興は日本の問題で、私たちが何とか生きていかないといけないという話ですが、それがある段階に来るとアジアの中での平和を考えなきゃいけないとか、アジアと共に私たちは生きているんだという話が出てきて、次第に世界の中で日本の個性をどう発揮していくか、この世界の中でどう生きていくかという話に**10年をかけて変化していく**ところが非常によく見えてきました。

もう一つの筋として、始まりはやはり**戦後合意体制**と言いますか、福祉国家、そして**生活優先**。戦時中にずいぶん動員しましたので、戦後は福祉国家をつくりたい。しかし原資がない。ない袖は振れなかったわけですよね。それがやっとできるようになってきたというところから、最後の方の講演になってくると、もう**新自由主義的**、戦後合意の次を考えなければいけないみたいな話まで出てきました。この流れが私は非常に面白いと思いました。

それから、やっぱり、佐藤政権で3本の講演が入っているのが非常に……

御厨　良いですよね。

村井　面白いです。70年代というと石油危機の印象が強いのですが、実は石油危機の前に一つの悩みがある。復興した日本がどう生きていくかという喜びに伴う悩みが最初の3本の講演の中で、すごく出ているなと思いました。

そういうアメリカとの関係、さらにはアジアとの関係、世界の中での役割については、先生、この時期をいかがご覧になってますか。

御厨　まさに村井さんが言うように、これまでのような形でアメリカに全部おんぶはできないよねという話はずいぶん講演の中に出てますよね。具体的にどうするかというところまではまだなかなか出てこないのですが、でもそういう問題意識によって、多分70年代の後半から80年代にかけて、**日本の外交でアメリカに対してもかなりきちんと物を言わなければならぬという空気になった**。もっとも中国の問題は、70年代に片付けたとは言えない。ずっと試行錯誤を繰り返します。結局のところ、戦後外交がアメリカに全面的に頼っていたのを、やっぱりここらで見直そうという気運が出てきた。これは非常にはっきりしていると思うんですね。

源田実さん（Ⅰ）を私が最初に選んだのは、そういう意味もあったのです。源田実さんは、当時私も知ってますけど新聞をよく騒がせた人で、こんな人が参議院にいていいのかと、本人も言うほどのあっと驚く議論を繰り返した。ある意味で日本国憲法から外れたような人だったのです。ただ彼の言っているいくつかの主張は、対米関係に関して、非常に単純だけどもみんなが考えないようにしていて、ストレートには言いにくかったことを、ここでかなりはっきり言っている。例えば日本があまり協力もしないのに、アメリカが本当にこの国を守ってくれますかと。輸出とか輸入で船使うのは日本で、その船を守ってくれるのはアメリカですよと。はっとさせられますよね。

佐藤栄作という人は、戦前型とよく言われます。つまり、いろいろな意味で池田勇人よりはイデオロギー的に保守だったから、戦前型保守へ戻そうとしているというように批判されましたけれど、佐藤栄作を研究した村井さんもご承知のように、「佐藤栄作日記」を見ると、戦前型の右翼にはやっぱり反発しているのですよね。だから、戦前の賀屋興宣《かやおきのり》さんとか、それから鈴木貞一さんとか戦前型の元大臣たちが来ると、その後に彼が日記につけているのは、彼らとはやはり考え方の基礎が違う、雰囲気が違う、彼らとは付き合えないと書くのですよ。つまり、佐藤自身が保守に回帰しながらも、それは戦前型の保守ではないということをはっきりさせています。そうでありながらその時期に源田さんみたいな人が勝手なことを言っているという事態があります。その70年代に向けての二重の構造みたいな感覚が、私は面白いと思う。

それからもう一人、木村俊夫さん（Ⅱ）、この人の悩みね。木村さんの講演は、多分他の人に比べると、読者にとっては何を言っているのかよく分からないかもしれない。でもそれは、話している内容そのものが分からないということではありません。あえて含みを持たせて言っている。その含みのところを感じてくださいよというために、二重三重にオブラートに包んでしゃべっているから、何言ってるんだか分かりにくい。しかし、彼としてもこれまでとは違う外交を目指さねばならぬのですよと一生懸命に述べている。その微妙なニュアンスを語っている点に面白さがあるのではないかなというように思いました。どうでしょう。

村井　内外情勢調査会の講演会という特徴が非常に表れているところが面白いですね。やはり、ある種のブリーフィングというか、これから何が起こりそうかという話を非常に具体的にしていて、国会の日程の話まで出てくるという。

御厨　そうそうそう。

村井　河野さんは今後選挙でどうなっていこうとしているかっていう話をするんですが、その非常に具体的な話の中に中長期的なビジョンが出てくる。しかもそれは民主主義の問題とも関わると思うんですが、共有されないといけないという思いと、まだ言えないことももちろんあるわけなんですが、その話が絡み合っていて非常に面白いなと思います。

2020年代～これからの政治と社会

村井　ぜひ伺ってみたいのは、政治が新しくなっていくという話にも関連します。やはりこの時期といえば**派閥というものが善かれ悪《あ》しかれ非常に存在感を持った時代**であり、今とは違うというところがありますが、そういった変化の時代なり、変化の社会を支える政治、55年体制もその保革、資本と労働の対立という話だけではなくなってくる時代の中の政治とか派閥について、少しお話しいただけないでしょうか。

御厨　派閥は今でも話題になってますけれども、この60、70年代の派閥というのは、ある意味まだ中間派もあればいろいろな大きさの派閥があって、それが完全に淘汰《とうた》されていってはいない時代だったのですけれども、その**派閥のボスを総理大臣にするために、派閥が存在しているん**だということは非常にはっきりした。

70年代、佐藤の後に佐藤が予定した、おそらく総理になるだろうと思って育ってきた、三角大福中（三木武夫・田中角栄・大平正芳・福田赳夫・中曽根康弘）。彼らが佐藤の予想通り、次から次へと首相のバトンを回し続けた。首相の器たり得たわけですね。ところが、派閥間の抗争の中で70年代は一つの政権が長期にならず引きずりおろされることが多かったのですね。だから2年あるいは2年半ぐらいの政権を繰り返していたわけですよね。80年代は鈴木善幸が間に入るものの、中曽根につないで、これが5年の長期政権となった。70年代のうちに既に三角大福中の最初の4人は総理を終えてしまうわけですよね。それでもね、佐藤が選んだその派閥の長たちっていうのは間違ってなかった。

だから、派閥というものは、時々解消と言うけれど結局解消しなかったのは、総理たる器のものが堂々と派閥の長をやっていたからであって、さっきの官僚が家が持てた話と似ているけれど、みんな**自分の出世する絵を描くことができる時代**になった。同じ派閥の中にいて、あの当時だったら今回は政務次官に出るとか、あるいは部会長になるぞとか、そういう暗黙の順番があって、自分で自分が出世するすごろくをつくって、それを派閥の中に当てはめながらやっていくことができた。自己納得できる幸運な時代だったのです。

これがそれ以後、80年代末のポスト中曽根になってからの方が、もう誰が総理になるか分からないという時代になりました。そして今や、総理大臣になる人が本当にいるのかどうかという人材の限界のところまできて、派閥が今止まってるという状態になるわけです。

もう一つこの時代より前、つまり佐藤より前の派閥はどうだったのかというと、当時の政治学者の書いたものを読んでみると、**占領の時代には実は派閥はない**という考え方です。それは政権党は吉田茂の自由党一つだから。自由党の中に、広川（弘禅《こうぜん》）派とか大野（伴睦《ばんぼく》）派とか言っても、それは保守合同後に確立された「派閥」とは異なる。なぜなら全部要するに吉田に首根っこを押さえられている。だから「側近」と称した方がよいというわけです。

これに対して、派閥的行動を繰り返して出てきたのは、むしろ鳩山一郎とその一派なのですよ。つまり、彼らは追放されていたから、占領後カムバックしてきた。この追放解除組が吉田に戦いを挑むようになる。鳩山一派は当時の自由党に出たり入ったりするのだけど、吉田からの政権奪還運動を繰り返す中で、鳩山を総理にするための一つの派閥になってしまう。同じように第二保守党の改進党は重光（葵《まもる》）の派閥としてできてくる。だから、吉田主流ではなくて、鳩山反主流、あるいは重光反主流の方が派閥化しながら、**吉田に対抗するという形**となる。それが最終的には吉田が引退した後の保守合同の過程で、そして自民党の総裁公選の過程で、もうそれぞれがみんな派閥化していく。吉田派は消失するわけです。そこから初めて池田派ができ、佐藤派ができ、ということで進んでいく。どうも昔の政治学者の書いたものを見ると、そういう形になっています。なるほど、これは同時代的に見たらそうなんだなというのが最近私の派閥を見るときの解釈です。

それからもう一つは、１９７１年に出た東大の法学部の岡義達《よしさと》さんの政治学の教科書と言いますか、『政治』を含めた本（『岡義達著作集』吉田書店、２０２４年）が、最近約50年ぶりに再版されたのです。これは政治一般について、ものすごく抽象度の高い言葉で書いているのですが、その中でどの政治体制が良いとか悪いとかという価値判断にはほとんど触れていない。ただ一つ面白いのは、それなのに我々に一番近い政治形態は、それでも「**民主政**」であろうと書いてある。

村井　ああ〜！（感嘆）

御厨　民主政だって言うのですよ。おそらく彼の頭の中にあったその民主政は、古い時代からの民主主義ではなくて、まさに現代ある、日本でつくられつつある民主政だったに違いないと思うわけです。それは戦後60年代までをずっと走ってきて、70年代を迎えるところの日本の政治であったというように私は思うわけです。だからそこに出てくる様々な実例、ここから取ったな、あそこから取ったなっていうのは分かるんだけど、この実例がですね、今の現実政治では到底みんなが肯定し得ないような**予定調和的な発展**というものが知らず知らずのうちに入っている。政治というのはやはり究極的にはいい方向に向かっていくんですよ。まさに民主政は、あれこれ言っても我々に近い政治であるという価値観が、あの岡先生の本には密輸入されているということを50年経って今度読んではっきり分かりましてね。これが、私の70年代をどう見るのかなという議論と、摩訶不思議なる一致をみたわけです。

戦後の時代性、そう70年代の時代性みたいな形で、抽象的に書いたテキストでさえも、この時代の呪縛から逃れることはできなかった。彼はもちろんブッシュマンの世界も書き、それからアメリカの政治のことも書き、古典古代の政治のことも書くんですよ。しかし、そういう政治形態を描いていても最終的に彼が依拠しているのは、日本が享受している今ある民主政だというのが透けて見えた。50年経って私はようやくそれを読めたかなという感じなんだけども。

今ね、政治が暗いと言われている。政治についてなかなか先行きが見通せないとみんな言っている。でもね、政治学そのものはそうなんですよ。今は計量政治学などは経済学よりも素晴らしい科学的手法を使っていると言いますけれど、逆に一般的な政治学が今の日本、今の世界をなかなか捉え切れていない。もちろんそこにいろいろな事象が上がってくるんだけども、全部暗い話です。先行きの見通しがないものしか出てこない。つまり、今はね、予定調和的発展なんて誰も考えられない。だから暗い話に終始してしまう。自分で話しても、暗い話になるなと思うのですが、それが70年代のあの頃はまだ違ったのではないか。政治学もそうだったというのが、これ私の最近の仮説なのですが、どうでしょう。

村井　面白いですね。岡先生の教科書は確か佐藤政権の後半ぐらいのものが出ていたと思います。佐藤政権って始まったときは70年安保を乗り越えるというか、戦後の論点を乗り越えるということだったんですが、長期政権の中で変化していくんですよね。70年を過ぎる頃に、はたといろんなものに気づいていくようなところがあるんです。改めて思ったのは私自身が90年代に日本政治史を学び始めた頃に占領期研究が非常に盛んで、

御厨　そうでしたね。

村井　日本の民主主義というのは占領期に土台がつくられて、研究の進展でますます詳細が分かるようになっていました。次に、日本の民主主義にとってやっぱり1920年代の慣行も意味があるよねという研究が進みました。ただお話を聞いていて、この**60年代後半から70年代にかけても私たちは民主主義をつくってきている**と改めて強く思いました。

私が1970年にもう戦後が終わっているんじゃないかという議論を初めてしたのは御厨先生にお世話になったサントリー文化財団の「震災後の日本に関する研究会」でしたが、周りは「え？」という感じの反応だった気がします（笑）。要は70年代に今に続く時代がつくられてきている、今につながる0（ゼロ）年代じゃないかと考えています（詳しくは36頁「巻頭特別企画2」参照）。

最後に、2020年代を生きる私たちにとっての1970年代ということで少しお話し

いただきたいです。70年代を見ていて思うのは、当時の20歳前後の人たちより上の世代の人々は戦時も体験し、戦後のまだ若い頃も体験しているんですけれども、次第に体験する人がいなくなっていくと、日本の体験ではなく、日本のアイデンティティは何なんだろうと。そういう意味ではこの講演録って日本人論にもなっている面白さというか、改めて日本論、日本人論っていう、それを目的として論じられてるわけじゃないのにそれが浮かび上がってくる面白さがあると思います。この２０２０年代にこの本を手に取る人に対して、今を生きる私たちにとっての１９７０年代であるとか、どういうメッセージを読み取れるかということについてお話しいただけますか。

御厨　この講演集を読んでいただくと分かると思うのですけれども、皆かなり大きな話をしたがるんですよ。小さい事実にはもちろん触れるのですが、全体としての日本はどうあるべきだということに近いような話をしたがる。あの時期の官僚たちもみんなそうだった。つまりね、通産省は、あの時期、10年代ごとにビジョンを出した。非常に印象的なのは、１９７０年代のビジョン（「70年代の通商産業政策」）、１９８０年代のビジョン（「80年代の通産政策ビジョン」）でね、かろうじて90年代までは出すんですよ。

それから、私の得意の国土計画。全国総合開発計画ね。全総（一全総）、新全総が出たのが60年代、三全総が70年代、80年代には四全総になり、やがて五全総（「21世紀の国土のグランドデザイン」）まで行った。

ところが、21世紀になったところで、10年先のことは読みづらくなり、言いづらくなり、言ったとしても影響力が低下してきたわけです。今でも国土形成計画として存在はしていますが、影響力がまるで違います。昔は嘘でもいいから言い切ったんです。あの頃も10年先を本当に見通せるわけではない。それでも官僚や知識人の30代や、あるいは40代初めぐらいの若い人たちが呼び集められて、みんなでディスカッションして、いろいろなことを書こうというので、「そんなもん実現できてもできなくてもいい」「とにかくやれるもんならやろう」という意気込みで書いて出した。するとそれは**ある種の熱気を呼んで、また次の時代を押しだした**。つまり事実がどうであるかということも大事なんだけど、その事実を変えるためには、事実を事実でもって変えるのではなくて、**事実をある種の夢でもって変えていく**ということが70年代まではあった。

それがやはり見事に崩れたのです。今やそんなことを言う人は誰もいない。もう10年先のことを言ったら、お前何言ってるのと言われてしまう。しかも70年代がそれでいけたのには、もう一つの側面があります。70年代から80年代にかけてはいわゆる**新中間大衆論**という議論が行われています。要するに日本人は自覚的に社会的差別はないと思っているという、同じく70年代の「一億総中流」とも共鳴する神話がどんどん出てきた。村上泰亮《やすすけ》は「新中間大衆の時代」と言った1人です。いわゆる新中間大衆、これが圧倒的に多いとみんな思っている。今、日本人にあなたはどこに属しますかと問うたら、とんでもない金持ちですとか、それから投資家で儲《もう》かってますとか、平気で「私一番金持ちです」と言いますけれども、あの頃はそんなことを言う人はいなかった。上の人も下の人も真ん中にいることに安定感を覚えて、つまり自分は新中間大衆だと言ったわけです。

これはある意味でフェイクなのですが、フェイクであってもそれを口にしたら自己肯定になって頑張ってしまう。今はもうそんなことはないですよ。つまり中間大衆なんて自ら言う人もいないし、俺は金持ちだ、貧乏人だ、俺は勝ち組だ、負け組だっていうところで完全に絆が切れてしまっている。だから、社会福祉で言うと、社会福祉を受ける人は要するに社会的敗北者であって、それに対して、金持ちはお金出してるんだよと言って平気で露骨な社会になりかかっている。そこに政治学はどう関わるかというのが、今後の最大の問題ではないかと思う。

最後に一言です。こうした講演、経済人などにさせている講演は、やっぱり今後も続けていくべきだろうと思う。そしてある時期が来たら、そのまとめをやった方がいい。そうするとこの時期はこうだったなっていうことが時代の空気と風景を伴って見えてくる。オーラル・ヒストリーやインタビューや紙で書いた資料じゃなくて、その当時のまさにその裏、村井さんが言ったように、その人たちの思い、つまり、今、何が問題なのかということを、未来を考えながら言う場面がおそらく内外情勢調査会の講演会に一番出てくると思う。この講演会は地方でも、東京でも開催しているから、その記録をうまく活用していくと、この日本が今後どうなるかというのが見えてくる、一つの指標になるのではないかというように思います。

村井　ありがとうございます。70年代の明るさという冒頭の話の中にはおっしゃるように科学信仰というのも入っていて、それは一方で東日本大震災の原発事故で大きく傷つき、他方でコロナ対応であるとか震災対応では科学によってできることがずいぶんあると考えられるようになってきたと思います。その上で、明るさってそれだけでもなくて、夢の部分、自己理解の部分をも手掛かりとして、自らの周囲の生活、自分の生活をちょっと良くしていく営み、世界もちょっと良くしていくという話かと、本講演録を読んで、御厨先生のお話を伺って非常に感銘を覚えました。

巻頭特別企画2

1970年代〜現在につながるゼロ年代〜をたどる

村井良太

本書は、今から50年前、1970年代の講演を集めたアンソロジー（選集）である。読者の皆さんは70年代というとどんな印象をお持ちだろうか。オイルショックの「**狂乱物価**」や「**省エネ**」の記憶が鮮明な人、あるいは2025年の大阪・関西万博に関連して、**1970年の大阪万博**を思い起こした人もいるかもしれない。そもそも生まれていないので肌感覚として分からないという人も少なくないだろう。それも当然のことである。

ここでは本書の講演が行われた1970年代という時代について、主に政治や社会の面から振り返ってみる。各講演録を読み始める前に、70年代をおさらいしたい人、新たに時代を思い描きたい人のお役に立てればうれしい。

時代の崖としての1970年代

世界は毎年目まぐるしく変化し、歴史は更新され続けている。そうは言っても、連続した時の流れで見た場合、何年間、何十年間、何百年間の土台になる時期というのはあるだろう。そういう意味では、1970年代というのは、**現在につながる大きな転換期、「現在につながる0年代《ゼロ》」**だったのではないかと私は考えている。

現在の世界と日本を考えるとき、まず、第二次世界大戦の終戦時、1945年が歴史の転換点として大きな意味を持つ、土台となる時期であることは論をまたない。日本では、その年から敗戦に伴う占領と改革の時代に入った。焼け跡からの再建が進み占領が終わるのは1952年、**1970年は敗戦から25年**に当たる。

このように時代を層として捉えたとき、今を支えている時代層の中でどこが現在と直接つながっているのだろうか。1945年の次に指摘されがちなのは1989年から90年代初頭の冷戦終結期である。明日全面核戦争で地球が終わるかもしれないと本気で恐れていた冷戦時代は、同じく危機の時代と言っても、現在とはかなり性格が異なる。冷戦終結は特にヨーロッパで大きな意味を持った。

しかし、日本にとって、さらに世界にとっても70年代は非常に大きな変化の時期、場合によっては70年代が１９８９年前後をつくったと言ってもいいくらいの変化が起きた。端的に言えば、「**世界の多極化**」と「**価値の多元化**」だ。新しい思想や運動、新しい市民社会、いわば**消費社会が70年代に生まれて広がった**ことを踏まえると、本書で70年代を振り返ることには、非常に現代的な意義があると言えるだろう。

時代には、一度越えてしまうと、それ以前が感覚的に分からなくなってしまうような崖が所々に横たわっていると思う。日々の生活の中で特に意識せずに過ごしていても実は非常に大きな変化がそこで起きている、ということだ。70年代は、そういう「時代の崖」のこちら側の世界、今が、そこから始まっているような時代だと考えられる。

押さえておきたい戦後からの流れ

70年代を理解するために、まず、その前の大きな転換点である終戦時、１９４５年からの流れを簡単に振り返っておきたい。外交史や政治史では、**戦後日本政治の始まりに際して土台となっているもの、枠組みとなっていることが三つある**と指摘されている。

一つは1947年に施行された日本国憲法である。憲法は国民生活の基盤であり、国政の基盤である。象徴天皇制、議会制民主主義とともに戦争放棄を定めた憲法9条が盛り込まれた。それは敗戦時の国民感情に適《かな》う内容だったが、占領下で作られたことは、憲法を巡る長い意見対立の始まりともなった。憲法改正の要件は、衆参両院の3分の2以上の議員の賛成による発議と、国民投票での過半数の賛成と定められていたが、憲法改正の主張と、それを阻止しようとする議論が何度も繰り返された。

二つ目は、1952年に発効したサンフランシスコ講和条約（対日平和条約）と、同時に結ばれた日米安全保障条約（旧安保条約）のセットである。対日平和条約で日本は連合国の占領を終え、主権を回復した。それは敗戦国にとって国際社会復帰の基盤であった。しかし、憲法9条で軍事強化に制約がある一方、冷戦の対立は東アジアに既に及んでいたため、独立を回復した日本は自衛の努力をしつつも米国との二国間条約で当面の安全を図ることになった。それが旧安保条約であり、米軍の駐留が続いた。

三つ目が1955年の55年体制のスタートである。この年、革新勢力では対日平和条約を巡って**分裂していた日本社会党が再統一**され、**保守勢力も自由民主党に結集**した。当初、二大政党間での政権交代も予想されていたが、憲法改正を目指す自民党と反対する社会党は1と2分の1のバランスを維持しながら、共に支持を少しずつ減らしていった。占領が終わる52年以降、憲法はいつでも日本国民の意思として変えることができるわけだが、55年体制が成立することによって憲法は改正されずに安定化していく。憲法9条と日米安保は一見肌が合わないように見えながら、要はそれをセットにして構造を変えずにその範囲内でできることをする。憲法改正を待っていられないし、改正が望ましいわけでもない、という仕組みがつくられたのであった。他方でこれも後から振り返ればということだが、**55年体制は自民党による保守長期政権につながっていく**。

安全保障については、本講演録の中身とも関わるので、もう少し掘り下げて説明しておきたい。

安全保障を巡っては１９７０年までの間に三つの節目をたどった。既に述べた**52年の吉田茂首相による講和と安保**、そして**60年の岸信介首相による安保改定（新安保条約）**、さらに**70年の佐藤栄作首相による安保自動延長**である。

吉田の選択は、当面軍事は米軍に任せて、経済復興に専念することであった。講和に際して、社会では**ソ連・中国を含む全面講和か多数講和か**で非常に大きな論争になっていたが、戦勝国が二陣営に分かれて対立している中で、全面講和と言っているといつまで占領が続くか分からない。できる講和をするんだということで**多数講和を決断した**。さらに、日本は敗戦で帝国陸海軍を解体し軍事力を低下させられたが、戦後も冷戦という緊張関係が東アジアに及んだことで、無防備でいるわけにはいかないと。それで米軍に残ってもらおうという形で、旧安保条約が結ばれることになる。これは非武装中立論に代表されるように、非常に強い反対を受けながら、最初に通る道となった。

次のエポックは60年の安保改定だった。吉田の選択への批判は、革新側からだけではなく保守側からも強かった。その代表は鳩山一郎（54年12月〜56年12月首相）や岸信介（57年2月〜60年7月首相）だが、憲法改正をして、つまりきちんと再軍備をして、米国と対等な協力をするべきだという反対だった。55年に結成した自民党自体も、いわば吉田政治の否定というか、吉田政治の克服というところから始まる。吉田は当面安保改定は要らないと言っていたが、岸は必要だと考えた。旧安保条約には期限もなく日本政府の要請があれば内乱鎮圧にも出動できた。鳩山や岸は「**独立の完成**」を訴えていた。米国側も日本の経済復興とナショナリズムの復興を懸念して、新安保条約への改定に応じた。そこには事前協議制度が入って、日本の国土上であるから日本が作戦行動は管理できるようにすることも含める内容だったが、**安保騒動が巻き起こり、条約は衆議院での強行採決を経て参議**

院で自然承認された。米ソの戦争に巻き込まれることを恐れ、また、岸が東条英機内閣の閣僚であったことも国民を刺激した。勝者と敗者ではない新しい日米関係を謳《うた》うはずのアイゼンハワー大統領訪日は中止になり、岸内閣自体が退陣をすることになったが、日米の見た目の対等性は格段に向上し、民主主義の原則や法の支配など価値の共有や緊密な経済協力も謳われた。これが二つ目の節目であった。

続く三つ目の節目は、予想された節目であった。**新安保条約には10年の固定期限**があり、**１９７０年には、廃棄か、延長か、もう1回議論される**と考えられていた。岸内閣を継いで60年代の政権を担った池田勇人、佐藤栄作は吉田の政治的継承者で、２人とも高度経済成長を通して、何とか保守政治への支持、言うなれば日米関係を通した新日本の繁栄と平和を実現していこうとしていた。

それが表れているのが、佐藤政権では何と言っても**沖縄返還**だ。対日平和条約が不完全だったのは多数講和だったからだけではなく、北方領土はもとより奄美群島、小笠原諸島、沖縄諸島が切り離されることになっていたことだ。中でも多くの住民が暮らしていた沖縄が問題だった。沖縄が米軍の支配下、当時使われていた言葉では「異民族統治下」にある状況で、日米未来関係というのはあり得ない。沖縄返還を提起して、何とか69年11月の日米首脳会談で実現の見通しをつけた。ただ、そこには大変な苦労があった。佐藤は、自身の哲学と国民感情に寄り添って沖縄からの核兵器の撤去を求めた。**「核抜き本土並み」**である。また、休戦中の朝鮮戦争が再開された場合に事前協議制度が適用されないなど、岸政権の時に結んでいたような密約を、表に出して密約にしない努力をしたが、実際は将来の核兵器の再持ち込みについてさらに密約を迫られるような非常に厳しい交渉があった。加えて**ベトナム戦争**が始まり、68年10月の国際反戦デーに過激派学生や群衆数千人が国鉄（現・JR）新宿駅に乱入して占拠、放火や投石を行った「新宿騒乱事件」が起こり、大学紛争が激しくなった。国政での保守長期政権とは裏腹に全国の主要都市では軒並み社会党や共産党が支援する首長が選挙で勝利し、**革新自治体が勢いを増した。**日本だけではなく世界的に非常に大きな**社会反乱の時代**となり、何とかそれらの諸課題に対処しながら、大阪万博の開催期間中の**70年6月に安保自動延長**を果たした。廃棄でも改定でもなく、いつでも日米両政府の一方が破棄を求めれば1年後には失効する自動延長状態で２０２４年の現在も続いている。

佐藤政権期の１９７０年を迎える前は「60年安保」の再現としての「70年安保」に向けて日米関係自体が壊されるかもしれない、日米の長期関係自体が議論の元になることを前提として緊張感が漂っていた。ベトナム戦争は70年代半ばまで続き、日本人の反米意識は非常に高いままだったが、**1970年を越えて憲法と自衛隊と日米安保がいずれも調和的に定着していった**ことを考えると、豊かさの実現を背景としていわゆる**戦後らしい争点が終わりを迎える時期**になったと思う。

各政権で見る1970年代

ここから70年代の各政権について取り上げ、その概略を説明したい。本書で扱う70年代のスタートライン、佐藤内閣から始める。

①佐藤内閣（64年11月9日〜72年7月7日）

1964年の東京オリンピックの直後に、池田内閣を継いで政権についた自民党の佐藤内閣は結果的に**7年8カ月の長期政権**になった。それは安倍晋三内閣で破られるまで最長不倒（連続在職）記録だった。佐藤といえば60年代の指導者のようでいて、最後の約2年半が70年代に入ることになる。

64年に第1次内閣が発足するときの課題は、前述した日米安保が議論されることになる危機の年・1970年を無事乗り越えること。ベトナム戦争が起き、国内の政治を非常に難しくしていたが、69年11月に沖縄が帰ってくることを国民に示し、12月の総選挙で自民党が圧勝して日米安保自動延長の日付を越えることになった。

その前後に新たに意識され始めたのが、**高度経済成長を通じて経済大国化した日本がどう生きるか**という点だ。沖縄返還も最後には「**安保ただ乗り**」論が出てくる。米国自身がベトナム戦争で国力を急低下させる中で、経済大国としての日本はこれからどう世界に貢献するのか。そこで佐藤が行った選択は、経済大国化しても軍事大国化しないという、今の私たちの選択にも通ずるものだった。その一例が、67年に国会で提示した**非核三原則**だ。それは核の傘がある、つまり良好な日米関係が前提であったが、米国が相対的に衰退していく中で、経済摩擦の問題が出てきて、**米中頭越し接近**（71年7月ニクソン・ショック）、1ドル360円の固定為替レートが持ちこたえられなくなり**円の切り上げ**（71年12月にスミソニアン体制へ）という問題が起こってくる。

このように佐藤政権は最後の2年半で大きく揺さぶられて「きりきり舞い」の状態であったと言えよう。最後には、後継者と考えていた福田赳夫が総裁選で田中角栄に敗れて幕を下ろした。最晩年の輝きとして、74年に**ノーベル平和賞**を受けたが、翌年早々に亡くなってしまったのは、残念なことであったと思う。

佐藤で始まった70年代は、**田中・三木・福田・大平の4人の時代**に入っていく。

②田中（角）内閣（72年7月7日～74年12月9日）

佐藤の次に首相になった同じく自民党の田中角栄は国内に旋風を巻き起こす。54歳という若さもあり、高等小学校卒のたたき上げで今太閤《いまたいこう》と呼ばれたり、コンピュータ付きブルドーザーと言われたりした。佐藤政権が長過ぎて飽き飽きしていたとも言われる。田中に対して国民が当初持った期待、輝きは非常に強いものがあった。その代表となるのは、「**日本列島改造論**」と「**日中国交正常化**」だ。72年9月の日中国交正常化は中国側の中ソ対立が深刻だったからという事情もあって、電撃的な解決をした（大平正芳外相の役割も大きかった）。同年10月に日本にパンダがやってきて、大ブームを起こした。

一方で、その人気が落ちるのも早く、**73年オイルショック（第1次石油危機）**の問題が起こって、それが狂乱物価と言われる状態を招き、生活を直撃する。最後は金脈問題で、

2年余りで退陣せざるを得なくなった。

③三木内閣（74年12月9日〜76年12月24日）

田中の金脈問題を受け、自民党の金と政治を巡る問題に大きな批判が集まるようになった。総裁選挙は札束が飛ぶイメージが付いて回るので、「**椎名裁定**」（椎名悦三郎副総裁が指名）で三木武夫という、従来の派閥政治であればならないだろう小派閥の長が自民党総裁に選ばれた。彼は保守政治家の中でも、リベラル（革新）にも訴えかけるような人で、この時期の自民党の多様さを感じさせる。

三木政権で重要な出来事の一つは、**75年11月に初のサミット（先進国首脳会議）が開催**されたことである。オイルショック後、米国の一強支配ではない世界経済において、主要国が集まって経済政策も協調しなければならないという先進国協調の場に日本が入っていく契機になった。

また、三木は日本が平和国家を目指すことを積極的に発信した。印象的なのは、76年11月に閣議決定した、**防衛費について「国民総生産（GNP）比1％を超えない」とする政府方針**だ。お金がなかった頃はいくら防衛費につぎ込んでも高が知れていたが、経済大国化していく中で別の歯止めが議論されたのであった。

一方で、三木内閣の間には、労働運動がピークを迎え、スト権奪還を掲げて75年に国鉄労働組合などが行った「スト権スト」において、労働者の権利のより強い回復が期待されていた。しかし、労働者の闘争的な権利保護の確保が、一般の人からの関心、つまり国民の同情を失っていく曲がり目に当たったのか、この動きは結局挫折してしまった。

より国民の注目を集めたのは**ロッキード事件**（76年2月発覚）だ。三木内閣自身の問題ではないが、田中前首相の逮捕を容認する形になり、それが今度は「三木おろし」となって政局を動かした。結局任期満了選挙で負けて、三木内閣は終わりを告げた。

なお、ロッキード事件発覚後に、派閥の競争にとどまらない、党を超えた新しい政治の枠組みを模索しなければならないという流れの中で、76年6月に新党の「新自由クラブ」が結成された。

④福田（赳）内閣（76年12月24日〜78年12月7日）

ロッキード事件の後、それが自民党内の争いにさらに転化していく中で、福田赳夫も総裁に就任した。当初、国民的な人気があった三木を引きずり下ろしたイメージがあったが、実績を上げることで次第に評価を上げていくことになる。
福田は財政家だったのでオイルショックの後も田中から求められて、大蔵大臣を務めていた。その際に、日本経済を「全治3年」と表現したが、オイルショックによる日本経済の停滞を回復に向けていくことに取り組んでいた。それを国際社会でも発揮して、77年5月のロンドン・サミットでは、オイルショックからの回復が比較的早かった米国・日本・西ドイツが世界経済を引っ張っていく「**機関車論**」が議題となった。それは無理をして経済を加熱させる話でもあるので、赤字国債が膨らみ、最終的には政権を退く原因ともなる。

福田を表すもう一面は、「**全方位平和外交**」だ。それは冷戦でデタント（緊張緩和）の動きが出てくる中で、日米安保を堅持しつつ中ソ双方とも関係改善を求めるものだった。また、77年8月には、「福田ドクトリン」と呼ばれる東南アジア政策を打ち出した。日本は軍事大国にならないと宣言して、ASEANを中心として心と心の触れ合う関係をつくると。また、78年8月には、**日中平和友好条約を締結**する。中国との関係改善は加害の意識がいまだ生々しい中で大きな国民的悲願として捉えられた。中国残留孤児の公開調査も始まっていた。

ただ、資本家やビジネスマンを自民党が、労働者を社会党が代表していた55年体制の枠組みも**野党の多党化**によって変化し、与野党の議席が伯仲することになった。その中で前述した赤字国債が深刻な問題となり、福田（赳）内閣は執行部の中にいた大平に倒された。

⑤ 大平内閣（78年12月7日〜80年6月12日〈逝去〉）

大平正芳は相対的に弱くなった米国とどう付き合うのかを課題として、日米を基軸にカーター政権と向き合っていた。そこで79年に**イラン革命（イラン・イスラーム革命）**が起こり、**第2次オイルショック（石油危機）**につながっていく。

一方、大平は国内で財政の立て直しのために**一般消費税の導入を構想**するが、世論が猛反発し、撤回のあげく79年10月の衆院選で議席を減らすことになる（後に消費税が導入されたのは1989年だ）。大平の進退を巡って「40日抗争」が起こるが、これは福田を引きずり下ろしたこととの仕返しをされたとも見られる保守の混乱状況だった。

このようにして70年代が暮れていくが、**79年12月にソ連がアフガニスタンに侵攻**して、デタントが終わり、**新冷戦**と呼ばれる時代に入る。大平内閣は、70年代的な世界観、デタントで始まって、新冷戦で終わったのであった。

ここまで政治史で振り返ってきたが、田中以降は皆2年ほどで退陣した。しかも、自ら辞めたいと言って辞めるわけではなく、引きずり下ろされている。それでも私は、やはり70年代の首相にはそれぞれに優れた能力があったと思っているので惜しまれることである。

今に続く生活様式の始まり

政治を支えるのは社会であり、社会を支えるのは政治の役割である。ここからは社会の面で70年代を振り返ってみたい。

日本企業の技術革新が進み、79年にはエズラ・ボーゲルの『ジャパンアズナンバーワン』がベストセラーになった。この本は戦後の超大国であった彼の母国、米国に、広く外国から学びなさいと警鐘を鳴らすものだったが、日本人は日本の経済発展が不当なものではなく、評価されたと喜んだ。一方で、60年代末から始まっていた**四大公害裁判**が70年代に入って相次いで判決が出るようなタイミングであった。**環境を重視**するようになり、**企**

業個々に対する責任追及や批判も強まった。

また、この時代に**消費文化が花開いた**ことは共有しておきたい。１９７０年に本格的に歩行者天国（写真右）が始まり、同年にジャンボ機が導入されて海外旅行が急増した。71年には多摩ニュータウン（写真中央）がまちびらきをして、ケンタッキー（70年）、マクドナルド（71年／1号店は写真左）のようにアメリカンな消費生活、消費文化が入ってくる。コンビニチェーン店が広がったのもこの時期だ。79年にはウォークマン®が登場して、1人で音楽を聴きながら道を歩く生活様式ができた。

１９７５年は国連が定めた国際婦人年（国際女性年）で、それに続く10年間を「国連婦人の10年」として、男女の伝統的な役割の見直しなど、各国は対応を求められた。日本でも婦人団体や政府主催のイ

写真＝（左）時事通信フォト（中央）朝日新聞社／時事通信フォト（右）時事

ベントなどが開かれ、85年には男女雇用機会均等法が制定され、現在の男女共同参画政策に結びついたと考えられる。さらに、フェミニズムや環境イシューは学問的にも70年代に新たな出発を刻んだ。

＊＊＊

こうして政治的な意味でも社会的な意味でも、冒頭で述べた通り、１９７０年代は現在につながるゼロ年代だと考えている。政治的制約や技術的制約が突破される中、グローバルな経済活動はグローバルに人々の生活を変えていき、グローバルな政治的対応を求めた。「宇宙船地球号」という言葉も１９７０年代に入る頃から多く議論されるようになった。そのような新しい時代を新しい日本はいかに生きようとし、共につくってきたのか。それは今の私たちと地続きの世界である。当時課題としていたことは、解決したこともあれば、いまだ解決していないことも多い。

本講演録を読みながら、現在との共通点や違いを見いだしていただければと思う。１９７０年代の大きな流れとともに、戦後に凍結された問題や様々な問題の萌芽を感じ取ることができるだろう。

年	主な出来事	社会・暮らしの変化	本書収録講演	内閣
1970年	●大阪万博開催 ●日米安保条約自動延長 ●三島事件	●原子力発電2基（敦賀・美浜）運転開始 ●ジャンボ機初就航 ●本格的に歩行者天国スタート ●日本でのウーマンリブ運動の起こり ●ケンタッキーフライドチキン日本1号店オープン		第3次佐藤内閣 1970年1月14日～ 1972年7月7日
1971年	●環境庁発足 ●ニクソン・ショック ●ドル・ショック ●昭和天皇訪欧 ●10カ国蔵相会議（スミソニアン体制へ）	●多摩ニュータウン入居開始 ●新宿超高層ビルの第1号「京王プラザホテル」オープン ●日本マクドナルド1号店オープン ●日清食品「カップヌードル」発売 	Ⅰ源田実（61頁） Ⅱ木村俊夫（95頁）	
1972年	●札幌冬季オリンピック開催 ●あさま山荘事件 ●沖縄返還（協定発効） ●日中国交正常化	●たばこのパッケージに吸いすぎ注意の表記 ●列島改造ブーム（「日本列島改造論」） ●中国から贈られた2頭のジャイアントパンダ「カンカン」と「ランラン」が上野動物園で公開 	Ⅲ福田赳夫（125頁）	第1次田中（角）内閣 1972年7月7日～ 1972年12月22日

写真は全て=時事

1973年	1974年	1975年	1976年
●変動相場制移行 ●第4次中東戦争 ●第1次石油危機	●戦後初のマイナス成長 ●連続企業爆破事件	●国際婦人年（国際女性年） ●ベトナム戦争終結 ●沖縄国際海洋博覧会（海洋博）開幕 ●昭和天皇訪米 ●第1回サミット（先進国首脳会議）開催	●ロッキード事件 ●新自由クラブ発足
●福祉元年（老人医療無料化、年金物価スライド） ●有吉佐和子『恍惚の人』映画化 ●国鉄と伊豆箱根鉄道でシルバーシート導入 ●トイレットペーパーなどの買い占め ●江崎玲於奈ノーベル物理学賞受賞	●コンビニエンスストア「セブン-イレブン」1号店オープン ●長嶋茂雄現役引退 ●佐藤栄作ノーベル平和賞受賞 	●東海道山陽新幹線（東京～博多）全通 ●スト権スト ●同人誌即売会「コミックマーケット（コミケ）」開始 	●童謡「およげ！たいやきくん」ブーム ●ヤマト（大和）運輸「宅急便」スタート ●学校給食で米飯が本格導入 ●ミグ25戦闘機強行着陸（ベレンコ中尉亡命）
IV二階堂進（157頁） V盛田昭夫（189頁）		VI土光敏夫（213頁）	
第2次田中（角）内閣 1972年12月22日～1974年12月9日		三木内閣 1974年12月9日～1976年12月24日	

← 80年代へ

1977年	1978年	1979年
●日航機ハイジャック（ダッカ事件）	●社会民主連合（社民連）発足 ●日中平和友好条約	●イラン・イスラーム（イラン）革命 ●第2次石油危機 ●元号法成立 ●第5回サミット（東京）開催 ●ソ連、アフガニスタン侵攻
●円高の進行による不況 ●アニメ映画「宇宙戦艦ヤマト」ブーム ●国民栄誉賞創設、第1回王貞治受賞（通算本塁打世界記録達成）	●成田空港（新東京国際空港）開港 ●蔵書100万冊を有する日本一の大型書店として「八重洲ブックセンター」開店 	●国公立大学入試に「共通一次学力試験」導入 ●「インベーダーゲーム」ブーム ●ウォークマン®第1号機発売
VII 河野洋平（249頁）		VIII 田中六助（289頁）
福田（赳）内閣 1976年12月24日〜 1978年12月7日		第1次大平内閣 1978年12月7日〜 1979年11月9日 第2次大平内閣 1979年11月9日〜 1980年6月12日

内外情勢調査会

講演録

―本編―

Ⅰ～Ⅷ

収録一覧（敬称略）

Ⅰ　1971年1月21日　参議院議員　源田 実……61
Ⅱ　1971年7月14日　経済企画庁長官　木村 俊夫……95
Ⅲ　1972年1月24日　外務大臣　福田 赳夫……125
Ⅳ　1973年1月25日　内閣官房長官　二階堂 進……157
Ⅴ　1973年7月16日　ソニー株式会社代表取締役社長　盛田 昭夫……189
Ⅵ　1975年1月27日　経済団体連合会会長　土光 敏夫……213
Ⅶ　1977年2月21日　新自由クラブ代表　河野 洋平……249
Ⅷ　1979年5月23日　内閣官房長官　田中 六助……289

講演録編集にあたって

⑴本講演録は、講演時の音声を用いて編集しています。

⑵音声の保存状態が悪いなどの理由で、講演の一部を割愛している場合があります。

⑶論旨が明確になるよう、語順の入れ替え、口語の調整等を適宜行っています。また、明らかな言い間違いや、事実関係の誤りは訂正しました。

⑷現代では分かりにくい言葉や、不適切と思われる表現がありますが、時代背景や講演者の意図を考慮し、そのまま掲載している場合があります。

⑸必要に応じて欄外に注を付けています（傍注部）。また、本文中に補足する場合は、［　］で記しました。


（編集部）

I

1971年1月21日

参議院議員
源田 実

Minoru Genda

航空幕僚長の頃

写真＝朝日新聞社／時事通信フォト

人物紹介

源田 実（げんだ・みのる）

1904年広島県生まれ。24年海軍兵学校卒業、37年海軍大学校卒業。38年駐英国大使館付武官補佐官を経て、41年航空艦隊参謀として真珠湾攻撃を立案。42年大本営参謀、45年第343海軍航空隊（通称、剣《つるぎ》部隊）司令。当時最新鋭の戦闘機「紫電改」を集中的に配備し、編隊空戦を重視して無線技術を飛躍的に向上させた。戦後は航空自衛官となり、54年防衛庁航空幕僚監部装備部長、55年航空自衛隊航空団司令、56年空将、59年航空幕僚長。62年政界に転じ、86年まで参議院議員を務める。自由民主党。89年逝去。

本講演について

1968年7月の参議院議員選挙で2回目の当選を果たし、自由民主党国防部会長も務めた源田氏が、1971年1月21日に最近の国際情勢と日本の防衛について講演したものである。

米国では69年1月にニクソン大統領が就任。ベトナム戦争（65年に米国が大規模な軍事介入）が長期化し反戦運動が高まる中、アジアにおける軍事的役割の縮小を打ち出し、大きな転換点を迎えていた。

国内では、64年11月から佐藤栄作首相による政権運営が続き、70年1月より第3次佐藤内閣。67年には佐藤首相が「持たず、作らず、持ち込ませず」の非核三原則を表明。60年に結んだ日米安全保障条約（新安保条約）は70年6月に自動延長、学生運動をはじめ安保騒動が巻き起こった。

1971年1月21日講演

ご紹介をいただきました源田実でございます。国際情勢そのものについては今も重要な問題ですが、私は主として日本の安全保障の立場からお話を申し上げたいのであって、それに関連する国際情勢を分析し、そして日本がこれに対してどういう対策を取らなきゃならないか、取らなければどうなるかというようなことについて、お話し申し上げたいと思います。

初めにお断りしておきますが、私はこういう問題をずいぶんあちらこちらで講演し、今自由民主党の党員だから、党内でもまだやっておるんですがね、甚だ残念なことには、私の考え方がよほど人と違っておるのか、それとも他の人の考え方が違っておるのか、多数決でいけば必ず私の方が悪いことになるんです。

今民主主義っていうのは、いくらどんな間違ったことであろうが多数決の方が正しい。どんな正しいことでも、これは少数だったら駄目だということになるんですね。私は独裁を主張するわけでもないんですが、どうもちょっと合点のいかないことがある。

というのは、一つは、みんなの顔色を見て物を言う人が多いわけですよ。顔色を見て物を言えば、本当に割り切った、これが真理であるということははっきり勇敢には言えない。そうするとほとんど全部の人が顔色を見るでしょう、例えば選挙の時なんかは。国民の顔色ばっかり見て、これが実は正しいんだけれども、言えば落選するから言わずにおこう、なんていうのが大部分じゃないかと思うんですよ。

それで正しいことができるのか、これじゃできないと私は思うんです。従って、今から申し上げることも、なかなか実際に通用はしない。しないけれども、通用しないなら嘘かというと、私は嘘でないと思うんです。

昨日も、時事通信社の長谷川代表（＊I-1）とお話ししたところです。今私が考えておる防衛政策というのはほとんど受け入れられない。ところが、今から35年ぐらい前、35年から36年前といえば昭和10［1935］年から11［1936］年頃です。

その頃ね、私は海軍でまだぴいぴいで、大尉から少佐になったばかりです。その当時、日本が大きな戦艦を造ることもやっておったんですよ。大和《やまと》、武蔵なんていう人類が造っ

＊I-1　長谷川才次（はせがわ・さいじ）／1903～1978。時事通信社の初代代表取締役。社団法人内外情勢調査会を設立。

1941年12月に竣工した旧日本海軍の戦艦大和。史上最大の46cm主砲を備え、全長は263mに及んだ。45年4月7日、沖縄戦へ向かう途中、鹿児島県沖で米艦載機の攻撃を受け沈没した。
写真＝朝日新聞社／時事通信フォト

た戦艦としてはとてつもなく大きな立派な戦艦であった（＊Ⅰ-2）。ところが、戦《いくさ》には実は役に立たなかったでしょう。

当時どういうことを言ったかというと、あれができる前から、もう戦艦はやめて、主として飛行機、それから潜水艦で海軍の軍備をやるべきであって、後のものは巡洋艦とかそういう補助部隊は要るけれども、主力は飛行機にすべきであると。そういうことを言って、ほとんど全部の反対を受けました。投票はやらなかったんですがね、海軍でも民主主義で、みんなが反対するようなのは大体通らない。それじゃ私の考え方は間違っておったか。

本当の現物で戦するんですから、選挙で

勝負を決めるわけじゃないですよ。選挙で勝敗を決めるなら勝ったかもしれない。投票でやるんじゃないんです、戦は。弾の撃ち合いでやる。そうなると戦艦が役に立ったのか、いっぺんでも。目標になって、あそこへ敵の飛行機なんか急襲するためには良かったかもしれない。大和、武蔵のあの大きな大砲が、敵をやっつけることに役に立ったかと。1隻や2隻は沈めたかもしれませんね。ただ、あんな大きな大砲でなくてもいくんです。

あの代わりにもし飛行機を造っておったらどうなる。航空母艦。蒼龍（＊I-3）級の母艦なら一つで4隻できる。そうすると8隻の航空母艦が生まれてるんです。戦の初めに日本の母艦が8隻、余計にあったら、結果どうなった。話にならない結果になっておったんですよ。

だからね、多数の人が言うことが必ずしも私は正しくないと思うし、今から私の言うこ

＊I-2　このような大きな戦艦を重視する考えを大艦巨砲主義と呼ぶ。第一次世界大戦後、国際的な協調と軍縮の流れの中で、1922年にワシントン海軍軍縮条約、30年にロンドン海軍軍縮条約が締結され、主力艦の建造の禁止などの制限が設けられていたが、海軍内の不満と混乱から条約を延長せず、36年末に失効すると再び軍備の拡大が図られ、日本海軍は大きな主砲を備えた軍艦を追求した。

＊I-3　蒼龍（そうりゅう）。1937年に竣工した近代型高速航空母艦（空母）。最大73機の航空機を搭載でき、41年の真珠湾攻撃、42年のインド洋作戦に参加。同年のミッドウェー海戦で直撃弾を受け、炎上、沈没した。

1971年2月25日ラジオ演説で世界情勢について語るニクソン米大統領（ワシントン）。この年の7月に訪中計画を電撃的に発表した（ニクソン・ショック）。
写真＝CNP/時事通信フォト

とが正しいかどうかはまだ……、実は私の言うことが当たらないことを希望する。それが当たるような事態が起きることは大変なことであります。それをまず前提として申し上げておきたい。

ニクソン（＊Ⅰ-4）が政権を取りましてから、アメリカの極東政策、これはずいぶん変わってきつつある。大体その考え方は一昨年のグアムでやった声明（＊Ⅰ-5）で、はっきりしておるわけですが、大きなものは三つあるんですね。

一つは、アメリカは条約は守ると。

それから、核を持った国から、アジアの自由諸国が核の脅威を受けた場合は、それがその地方の安全保障に欠くべからざる要素を備え、またアメリカの利益なり、安全に欠くべからざる要素を備え、そうしてそういう国から援助が要請された場合……と4段階ぐらいになっているんですね。その次に何があるかというと、援助が要請されて、しかもアメリカがこれを適切であると認めた場合に、アメリカは核の防御を提供する。無条件じゃない。核の脅威を受けても、まずは今やられそうだから助けてくれって言ったときに、お前が参ったら非常に他の者も困る、アメリカも困る、ということがはっきりしなきゃいけない。そして、それを誰が決めるかって言うと、アメリカが決めるんです。そうしてアメリカが良いと思ったら、防御を提供しましょう。こうなってるんですよ。無条件にやるとはなっていない。

日本が今攻撃を受けた、助けてくれ、と言ったらアメリカは今はやりますよ、やらなきゃいかんことになった。安保条約があるから。条約がなきゃ、アメリカが考えてみて、今

＊I-4　リチャード・M・ニクソン／1913〜1994。第37代米大統領（在職69年1月〜74年8月）。共和党。71年金とドルの交換停止（ドル・ショック）、72年敵対してきた中国を訪問して米中共同声明を発表するなど、世界を驚かせた。ウォーターゲート事件で辞任。

＊I-5　ベトナム戦争が泥沼化する中、1969年7月ニクソン米大統領がグアム島で、米国のアジア政策の新しい方針を表明。アジアに対する過剰介入を抑える政策への転換（軍事的撤退）を示すもので、グアム・ドクトリン（原則）とも呼ばれる（後の、ニクソン・ドクトリン）。

やったら損だなと、日本が参ってもアメリカが参るにはまだ100年ぐらいかかるだろう、そのうちに何とかなるだろうから、今戦をやって非常に苦しむよりは見殺しにした方がいいと思ったら、アメリカは黙っておられるんですよ。あのニクソン・ドクトリン(＊I-6)でも。その上に今度は、アメリカは海軍と空軍だけは提供しましょうと。陸上で一番人が余計に死ぬ陸上兵力は、それぞれの国がやりなさいと。

こういう三つの大きな筋道で、ニクソン・ドクトリンっていうのはできておるんですが、それをやるにしても暇がかかるだろうと私は思ったんですよ。

時事通信社から出している雑誌『世界週報』の昨年「1970年」8月「18日号」に、アメリカのハロランという記者が「PATO」っていう例の論文(＊I-7)を出してセンセーションを巻き起こした。それは、大体1974年までには、日本の各所から「アメリカ軍の」撤退が続き、75年に最後沖縄から撤退なんですね。そうすると、75年までに極東におけるアメリカ軍がほとんど撤退すると。こういうような構想がハロランの論文で出ておった。これを見て大変なことだと思ったんです。

ところが、ニクソンの現在やっている政策を見ますと、ハロランの論文よりはテンポが速いです。昨年暮れの日米安保協議委員会(＊I-8)では、日本からは実戦部隊は来年ほとんど引いてしまうんですね。

そして、極東からは、ベトナムがある程度残るかもしれないけども、75年じゃなくてそれ以前に相当のものが引き上げる公算があると思うんですよ。アメリカの国内の情勢が、海外にそれほどたくさんの兵力の駐留を許さない。従って国内的な考慮が多分にあると思いますが、とにかくアメリカが引きつつある。これはもう厳然たる事実である。

そうすると、日本は国民の大多数が安保条約を存続すべきと言うんですが、存続されるでしょう、多分。しかし存続されても、アメリカ兵がほとんどいなくなった場合には、本当にこれはどのくらい役に立つか、私はちょっと疑問に思うんですよ。

＊Ⅰ-6　グアム・ドクトリン（1969年7月）を同年11月に「ニクソン・ドクトリン」と呼ばれるものに発展させ、70年2月外交教書で示した。

＊Ⅰ-7　極東通として知られる米ジャーナリスト、リチャード・ハロラン氏が英文季刊誌『Pacific Community』（時事通信社）の10月号に寄せた論文「America And Asia：A Proposal For The '70s」を全訳した記事「PATO―太平洋アジア条約機構」のこと。ニクソン・ドクトリンを解説した上で、アジアにおける集団安全保障体制としてPATO（太平洋アジア条約機構）の構想や日本を含む米軍のアジア撤退計画（ハロラン提案）を示している。

＊Ⅰ-8　日米安全保障協議委員会の第12回会合（1970年12月）では、在日米軍施設、区域の整理、統合について討議が行われ、三沢飛行場、横田飛行場、板付飛行場、厚木飛行場、横須賀海軍基地等に関する整理、統合計画が了承された。

核攻撃をやられればアメリカは条約ですぐ日本を援助しなきゃならない。しかしながら、核攻撃をやった場合、日本は非核三原則っていうのを持っているんですね。核兵器は作らない・持たない・持ち込ませない。そうすると、アメリカの核兵器は日本の付近じゃ大体使えないですよ。

日本は核兵器を持ってない。核で攻撃されるときはどうするかっていうと、アメリカの核の傘に隠れる。これは、去年も私はここで言ったかもしれませんが、アメリカの核の傘に入るんだっていう、どうもこの理屈が私には分からない。

核の傘に入るなら、核がなければ、傘を差すことはできないんだろうと思うんですがね。核は持たないで核の傘を被せろ。これは手品師でなきゃできないと思う。どうやるんだと、こりゃ。本当に真剣にこれは考えたことがあるのかと。

日本では簡単に考える。それは戦術核兵器、日本に持ち込むような小さなもんじゃなくて、アメリカが持っている、本国にあるICBM［大陸間弾道ミサイル］とか、潜水艦にあるポラリス（＊I-9）のような、ああいうやつで守ってくれるって、考えているらしいんですよ。守るのか本当にそれで。

日本に、例えば北海道に侵略されたとき、今稚内にソ連の軍隊が上がってきた。向こうは戦術核兵器を使った。それじゃあ日本にはアメリカの戦術核兵器はないから、アメリカ本土から稚内のあそこに戦術核兵器を打ち込むのかと。そんな具合にはなってないんですよ。あんな小さな所、どっちに当たるか分からんような所をやるようになってない。

はっきりした、ソ連の工業中心地とか戦略中枢とか政治中枢とかいうものに照準は定めてある。稚内なんか打ち込んで、今度はソ連の方から反撃で本当にやられたら、アメリカはいっぺんで参っちまう。参るならどっちも参る。一方的に自分だけ参って相手だけが生きるようなことは、アメリカはやらないと思う。

たとえ、それでもですよ。黙っておれば今アメリカがやられるわけじゃないんですよ。稚内がやられたって、北海道でアメリカが参るわけじゃない。とにかく黙ってりゃ、そのうち戦は済むんですよ。日本はすぐ、多分1カ月もありゃ片が付くでしょう。

その間盛んに文句だけは言うけれども、手は出さない。江戸っ子っていうのは、口より先に手の方が早いそうです。手を出した方が負けるんですよ。手は出さない。もし本気になって手を出した場合、アメリカのほとんどの人が死んでしまう。ソ連とまともにやった

＊I-9　1960年に開発された米海軍の潜水艦発射弾道ミサイル。

ら。

今ソ連の方がＩＣＢＭは多いですよ、１３５０発ぐらいある。しかもその中にはものすごく大きなＳＳ－９なんていうやつが今、２８０発ですか、３００発ぐらいありますね。アメリカはそんな大きなのはないんです。全体の数がもう既にソ連が多い。

潜水艦もポラリス潜水艦なんていうのはアメリカの独占だと思った。今41隻持っています。ところがですね、ソ連がまた造りだして、今、就役しているやつと造りつつあるやつを合わせると三十何隻になって、これもそのうちにアメリカを追い越します。

全体の数では、水素爆弾にしても原子爆弾にしても、持っている爆薬量からいうと、今はソ連の方が遥かに多いです。数で大体とんとんぐらい。しかしソ連は一発の弾が大きいから、これはソ連の方が遥かに大きいんです。それをお互いに撃ち合ったら、アメリカの人口のほとんど全部死んでしまうと思うんですよ。

日本が攻撃される、条約はちゃんとあるからやらなきゃいけない。アメリカは条約を守るって言っておるんだから、やっぱり、ＩＣＢＭなりポラリスなり使っても、日本を助けようと。こういうことは、個人ならやりますよ。しかし、国の場合に果たしてやるのかどうか。私の国民は全部殺してもいい。仕方がない。約束しているんだから、あなた方の人を1人でも多く助けるためには、わが国民は全部殺しても、約束を守りましょうという大統領とか総理大臣がおるかどうか。ちょっと考えざるを得ないと思うんですよ。

自分が死んでも人を助けるという道徳が美徳とされるのは、個人の問題であって、国家の問題になったときは必ずしもそれは美徳とならない。これを考えた場合に、甚だもって、不安な点があると思うんです。いわんや安保条約をなくした後においては、これはまずやらないと私は思います。それでも安心なのかと、日本は。

日本の非常にいい点は、日本に武力侵攻をやろうとすれば実は簡単にはできない。簡単にできることはできるけれども、非常に問題になりやすいんです。作戦上から言えば簡単ですよ。海があったって大したことないですよ、日本海ぐらいの海は問題ない。

しかし、とにかく日本を占領しようとすればですね、まず要るのが、空軍、それから、海軍、陸軍。この三つの軍隊を動員して相当な兵力を持って海を渡ってやってこなきゃならない。

この場合には誰が侵略者であり、誰が被害者であるかっていうのははっきりする。全世界どこに持っていっても、やってきた方が侵略者。北朝鮮から南朝鮮に侵入して、朝鮮戦争が始まりましたが、あの時は、「いや南が手を出したからこっちはやったんだ」って言う。インドと中共［中華人民共和国のこと］との間でも、「いや向こうが手を出してからやったんだ」って、いくらでもごまかしが利くんですよ。

日本の場合は、そうはいかない。こっちは海を渡らず、向こうが渡って来るんだから。海というものではっきり侵略者が決められます。だから全世界が本当に義侠心があるんなら、国連軍でも動員して守るだろうけれども、そこまでやるかどうか、これはちょっと疑問ですな。

まあまあ同情はしよう。チェコ（＊Ⅰ-10）と同じですよ。全世界がチェコに同情した。それじゃ、チェコのために我々は死んでも助けようと言って立ち上がった国が一国でもあるのか。気の毒で見ちゃおれん、同情はします。しかし、私はそういう危ないところは手を出しませんと。普通そうだろう。日本がやられた場合には同情はする。全世界で少しばかり義援金ぐらい来るでしょ、途中で召し上げられるだろうけども。力を持って自分が死んでも守ってくれるやつがおるのか。そんなものを耐えるわけにいかないと思うんですよ。

守ってもらおうとすれば、どうしても守らざるを得ない立場に置かなきゃいけない。私の一番言いたいのはこれなんです。今米軍が引き揚げるのはみんな喜んでおりますが、1人もいなくなったときに果たしてアメリカがどこまでやるか非常に疑問だと思う、口約束だけでは。条約を破ったことは今までないそうですから、やるだろう……とまでも私は言えない。それを希望するだけなんですよ。

アメリカ人に聞くと、いや、我々はやる、こう言いますよ、簡単に責任のない連中は。それが大統領にできるかと。自分ら皆死んでしまうんですよ。できるか。簡単にはいかないと思うんです。

そうすると、否でも応でも守らざるを得ない立場に置くということは、一番いいのは、アメリカ人がなるだけたくさん日本におることですよ。彼らが巻き込まれれば嫌でもやらざるを得ない。そうでしょう。

自分の子どもを連れて街を歩いた。よその子どもがね、暴力団の与太者に今ひどい目に遭っている。そうすると、助けてやりたいんだがなあ、あれを助けると自分も自分の子どももあの暴力団のためにひっぱたかれて、ひどい目に遭うから、触らぬ神に祟《たた》りなし。気の毒だねとか言って、誰か警察に早く知らせてやってくださいとかいうようなことはやりますよ。自分が行ってやるか。私もなかなかそれやらないですね、その場合は。子どもが

＊I-10　チェコスロバキアの民主化運動「プラハの春」弾圧のため、1968年8月20日ソ連・東欧軍が首都プラハに侵攻した。

いなきゃいい。自分の子どもがひどい目に遭うのは分かり切っている。ところがですね、もし自分の子どもがやられたら。よその子どもじゃない。その場合には違う。自分は殺されるかもしれないが子どもを助けるためにやりますよ。

私はアメリカに、日本を守らせようとすれば、それだけのことを日本はやっておく必要がある「と思う」。世の中で何もかもいいことはありませんよ。我々の若いときに、うちの隣は良い婿もらった、なんていう歌みたいなものがありまして。『医者で博士で　大工で左官』か何とかいうのがありましたがね、そんな調子のいいものはないんです、実は。頭もいい、男ぶりもいい、金持ちでもある。そんなのはおりませんよ。男ぶりのいいようなのは大体金は持っとらん。金を持ってるのはろくな顔をしてない。意地も悪いと。今頃テレビでやってる、早乙女主水之介《さおとめもんどのすけ》（＊I-11）なんていう、あんな強くて男ぶりが良くてね、しかも生活は楽で、あんなのおるわけないんですよ、事実は。そんなうまい話はない。助けてはもらいたい。自分の所にはしょっちゅうはおるな。おると、雑音とか、騒音とかでやかましいからおってくれるな、帰れ。ただし危ないときは来て助けろよ。こんなうまい話はないですよ。少し、戦後の日本はあんまりそういうところを求め過ぎてる。

神様とか、まるで殿様の、若様みたいなつもりでおる。苦労は一つもしないでいいことばっかりやろうと。そうじゃないでしょうか？　殊《こと》に防衛から考えた場合には、本当に今の日本のこういう点は、危なくて仕方がないと思うんですよ。

その次に今度は日本の直接防衛の問題。何か手を講じなきゃいかんが、まず、それにしても公算は少ないと思います。今のところは。ただね、相手が攻撃してきた場合に、長い間経てば何とかやってくるから、どうかその間に手もあると思いますが、すぐやられてしまうような立場は具合が悪い。

チェコなんかもね、あれが1週間続き、1カ月ぐらいでも持ちこたえて、あんなすぐ手を挙げないで、あそこでかなわないまでも戦はやっとったら、あるいは、西欧の諸国が立ち上がったかもしれない。すぐ終わったんですよ。勝負がついてしまった。数時間で。今から手を出しても仕方がないな、こういうことになる。

とにかくそういう具合にすぐ参るようなことを絶対にないだけのことは日本はやっておく必要があると思います。これが自衛隊が持っておる大きな任務だと思うんですが、今の自衛隊の力では、本格的なことをやってこられた場合には、ちょっと、事《こと》だろうと思うん

＊I-11　佐々木味津三の小説『旗本退屈男』の主人公。映画やドラマ化で人気を博し、本講演時は高橋英樹主演のドラマが放映されていた。

ですよ。

だから、言えばいろいろたくさんあります。しかし核兵器も何にもなしでね、ロケットもなーんもない。私ちょっと考えても、飛行機で来る場合には戦闘機がおるからある程度守れるんですがね。ロケットは今主力になっておる。飛行機もロケットで撃つ。戦闘機が行って向こうの爆撃を落とす所へ、戦闘機が着く前に、向こうは飛行機からロケットを撃っちまうんですよ。日本海の真ん中ぐらいで。それから飛行機は帰っていく。あとロケットだけやってくる。いやいや向こうから直接ロケットを日本へ撃ち込んだら、戦闘機でロケットを捕まえて落とすことができるのか。できないでしょ。

そのロケットに対する防御はどうやるの。ない。航続力の長い飛行機は危ないと、あるいは攻撃兵器（＊I-12）だとか何とかかんとか言ってたら、できるわけない。

ロケットを持ったらそれは攻撃だ、憲法違反だなんてことになったらね、できない。非常に大きな欠陥を持ってる。そういうところを、どういうことに今、ちょろまかしとるっていうと、私は自由民主党の中におって非常に具合が悪いんですがね。そういう、日本でできないことは全部アメリカがやってくれるという前提で来ておる。やるかどうか分からんですよ。アメリカにもできないことがある。その一番大きな問題は、今から申し上げる、直接防衛じゃない、間接防衛でそういうことがある。

日本が今生きていくために一番重要なのは、日本の工業力を維持すること。工業力、農業もそうですが、全てそうである。要するに、どういうことかって言うと、日本が今生きておる、そのエネルギーがどこから来ている。海外から来ているのは皆さんはもちろんご存じと思いますが、大体数字でちょっと申し上げますとね、主要原料を輸入しているのが、１９６８年の統計で、大麦が49・８％、小麦が80・１％、砂糖が82・６％、原油、石油は99・４％輸入です。鉄鉱石98・５％。リン鉱石は１００％。ボーキサイト、綿花、羊毛、これは全部１００％。原皮、革ですね、これは80％、生ゴムはもちろん１００％。塩でさえ84・６％が輸入なんです。これはどこから来てるかっていうとですね、もちろん石油は中東方面、あるいはこの鉄鉱石あたりは豪州とかインドとか、アメリカとか、そういう所からはずいぶん来ているわけです。

みんな太平洋を渡ってくるかインド洋を渡ってくるか、東南アジアを通ってきてるか、海外から入ってる。これを止められたら日本はどうなるんです？　石油が止まれば、もう

＊Ⅰ-12　憲法上保持できる自衛力は、自衛のための必要最小限度のものと考えられており、大陸間弾道ミサイル（ＩＣＢＭ）や攻撃型空母、長距離戦略爆撃機といった「攻撃的兵器」の保有は許されないとされている（政府見解）。

言うまでもないことですよ。もう息できない日本は。もちろん鉄鉱石止まっても、石油ほどじゃないとしてもですね、すぐ参る。

今ソ連が、インド洋にソ連の艦隊がどんどん出ておりますね。もう少しで英国が引き上げる。アメリカは出る意思はない。誰があの海を掌握しているかっていうと今ソ連ですよ、ソ連の海軍。まだそれほど大きなものではないが、だんだんだんだん大きなものになるでしょう。ソ連の海軍はアメリカの海軍のようにあんまり古い船じゃないです。みんな新しい船である。なかなかいいもの持ってる。

日本とソ連とはね、今は割に仲がいい。表面かもしれんが、ちょっといいですな。北方問題なんかが、こじれてくる。日本はもうそれがあんまりこじれるとまた、やるかやらんか、これは左翼はあんまりやらんから、それほどひどくはならんと思うんですよ、沖縄みたいには。しかし、もしやったら、北方領土を返せー返せーって言ってソ連の大使館を取り巻いたりね、それからソ連の人が来ればこれに対して、いろいろ侮辱やったり邪魔ばっかりして自動車焼き討ちしたりする。

ソ連はなかなか北方領土を返しはしないですよ、簡単には。あれ返したら大変なことになる。戦争の終わりに、ヨーロッパからこの極東にかけて、至る所でしっかり領土を取っておる。いや元々は俺のとこだったんだ、日本に返したんなら俺も返してもらおうなんて、あちらこちらから言い出したら、蜂の巣つついたようになる。私は返さないと思うんですよ。少なくとも私が生きてる間には。

それを外交ルートを通じて、おとなしく、しっかり理詰めでずっと押すんならいいけれども、感情で、反ソ感情を沸き立たせるようなことをやったらどうなる。あの河野一郎（＊I-13）さんに、それほど返してもらいたいんなら、あれは我々は戦争で取ったんだから、お前さんも戦争で取り返したらどうだってフルシチョフ（＊I-14）が言ったそうですね。私はその場にいなかったから本当かどうか知らんけども。これでさすがの河野一郎さんも黙ってしまったっていう話。

これなんかですね、日ソ間の国交を非常に険悪に持っていく可能性がある、下手をすると。そういう場合、どういうことがあるかっていうとですね、日本グズグズ言うならっ

＊I-13　河野一郎（こうの・いちろう）／1898〜1965。政治家。農林大臣、建設大臣などを歴任。1956年の日ソ共同宣言においてフルシチョフ第一書記との交渉役を担う。

＊I-14　ニキータ・フルシチョフ／1894〜1971。ソ連の政治家。スターリンの死後、1953年から64年まで最高指導者の地位にあった。56年2月共産党大会でスターリン批判を行い、東西に緊張緩和の兆しをもたらす。日ソ共同宣言（56年）で、平和条約締結後に歯舞、色丹2島を引き渡すことを明記し、国交を回復。

て、向こうの人はやるかやらんか、それは分かりません。やらないという保証もないが、私がソ連ならどういうことをやるか。ソ連は原子力潜水艦、もうずいぶん持っておりますからね。インド洋にも。それで日本向けのタンカーをね、4〜5隻闇から闇に葬ったらどうなる、一体。誰がやったか分からないですよね。海の底でやることで、その潜水艦浮かび上がらないですから。今までの普通の潜水艦は、鯨やイルカと同じで時々浮かび上がって息をせんといかん。あれは本当の魚じゃない。原子力潜水艦は魚なんですよ。浮かび上がって息をせんでいいんです。

絶対に分からない、誰がやったか。原子力潜水艦持ってる国はたくさんある。アメリカ、イギリス、中共、ソ連も、フランスもありますか？　誰がやったか分からない、証拠が出ないんですよ。決め付けることはできない。しかし4〜5隻日本向けのタンカーが撃沈されたら、今の状態で日本は運航ができるかって。

いくら沈められても日本を支えるために、我々は運航しましょう、こうは行かないと思うんですよ、多分。やるかもしれないけども、運航をやらなかったらすぐ参るんです。石油が入らなくなったら。こんな手がすぐ取れるんです。

中東で、あのあたりが他の国に占領されて、石油を送り出してくれなければそれでも終わり。あるいは東南アジアが赤化［共産主義化］して、日本向けのタンカー止められたらそれで終わり。とにかくね、非常に危ない立場にあるわけです。問題はそういうところをね、どうやって守るんだと。今の日本は行って守ることはできない。憲法上も具合が悪いけども、日本の海上自衛隊が行きましてね、あんなインド洋の向こう、西側からダーッとこっちまで何万隻っていうタンカーを守ることができるのかと、30隻余りの駆逐艦なんかで。できないんですよ。

アメリカの海軍でやれるのか、これもできない。しかもそれは日本の国民の、その日その日の本当の生活を支えている。今度これが切れたらね、生命線って言ったって、今までの生命線とは意味が違う。今、生命線って本当に個人の命がなくなることじゃない、国が栄えなくなるようなのを言ってるんですが、石油を断たれた場合の日本は今度は食っていけなくなる。

食料、東京なんかもすぐですよ。1週間の食料が入らなくなったら東京大変だろうと思うんですよ。それを運ぶ自動車は動かない。汽車も動かない。電灯も止まる。どうにもならないですよ。

日本に来る船が日本に物資を運んでくる。その運んできた物が今度は日本でできたものを運んで出て売る。この海外との交通路を遮断すれば、日本はもうそれだけで参る。もうどうにもなりません。防衛の一番重点っていうのはどこにあるかというと、この海外との交通路の安全にある。それを今度は簡単に日本だけの武力でそういうことをやりうるかというと、これどう考えてみてもやる見込みはないです。自衛隊を何十倍にしたってできませんから。できない。あの広い範囲を。

じゃあどうやるのかというと、ここで日本は、考え直さなきゃならない。とにかく、アジア、太平洋、インド洋、こういう所の平和あって初めて日本の繁栄もあるし、生存も可能なんです。こういう所の安全が壊されてね、日本だけ一人で生き残りうるなんて絶対にあり得ない。

それを考えた場合に、日本が一番重点を置くべきものは、こういう地域の平和と安全を守ることが、まず自分の生命を守ることになってくるんですよ。これ十分徹底しなければならないと思う。他の国がいくら苦しもうがどうしようが、内乱が起きようが、私はなるだけそんなとこには触りません。私は商売にしても金を儲けて、うまくやればいいんだって、今、日本はそれをやっている。

アジアにおいて日本だけでしょう、こんなに繁栄してる国は。台湾はずいぶん繁栄しているって、この間行ってみたけれど、日本とは桁外れ。日本みたいに贅沢はしてないですよ。軍部の学校で1週間ばかり講義をして、それから今度、金門島（＊I-15）なんかも行きましたがね、気持ちが非常に良いところがある。軍人は全く軍人らしい。髪の長い人は1人もいない。おったらすぐ巡査が連れて行って切らせるそうです。金門島あたりの軍隊の軍規の厳正なること、日本の昔の軍隊でもあれほど厳正にやってない。もっともね、一日おきに弾が飛んでくる。私の行ったときは、ちょうど偶数日だったかな、ちょうど弾が来ない日だったんですよ、運悪く。

その代わり私の乗った向こうの空軍の飛行機が出るとすぐ、今度は中共側の戦闘機がバーッと飛び上がってやってきた。しかし今度は台湾の空軍が上空でね、見えないところでF104（＊I-16）、あれでちゃんと援護してくれた。だから撃ち落とされもしなかったんです。とにかく非常に緊張しておる。ああいった金門島におる、あれは陸軍ですが、実に

＊I-15　中国福建省アモイ市沖にある台湾が実効支配する島。1949年に国共内戦に敗れた国民党が台湾に逃れた後、同島は軍事拠点化され、中台軍事対立の最前線となった。中国は58年に同島の奪取を図って集中的な砲撃を浴びせ、民間人も巻き込んで多くの死傷者が出た。双方による砲撃戦は70年代末まで続いた。

＊I-16　高速と上昇性能を追求した軽量機で、敵爆撃機の侵入を阻止するインターセプター（要撃戦闘機）として知られた。

軍規が厳正でもう目の光が違うんですよ。このところを見ますとね、今の日本のようにその本来の姿をだんだん失うような形では、今こそ繁栄しておるが、とてもそれは長持ちはしない。そのうちに追い抜かれますよ。

そして蔣介石（＊Ⅰ－17）総統にもその時お目にかかってだいぶ長い間話をしましたが、とにかくね、我々はアジアという立場で物を見ようじゃないかと。アジアあっての我々である。自分の国だけのことを考えること、これはやっちゃいけないっていうような話があって、私もそう思う。

それでアジア全体あるいは太平洋、私はアジアって有色人種だけを考えてるんじゃない。豪州やニュージーランドもね、日本と同じような立場にある。石油を断たれたらやっていけないんです。こういう全部の平和があって初めて日本、あるいはその他の国も共にやっていけるんであって、こういう平和を保つためには日本は自分だけの平和、安全だけを考えないで、全体の平和、安全を考えて、他の諸国と生死を共にするだけの考えがなければならない。

他の国はどうなってもいい、自分だけ良ければいい、こんなものはそのうちに仲間外れになります。だから苦労するのは、アジア民族と共に苦労する。楽しむのも共にある。そのためには、今のままでは非常に困難な点がたくさんあります。一番最大の障害は憲法である。この憲法の問題はね、素人がちゃんと納得できるようなものでなきゃいけないと思うんですよ。憲法は偉い学者しか分からんようなもんじゃ困るよ。私みたいな頭の悪い、法律なんか勉強したこともないやつが見ても、「なるほどこれははっきりしておる」としなきゃいけないでしょ。

一番大事な国の防衛の義務というものが国民にはない、日本の国を守る義務がない。権利ばっかりいろいろあるけども、義務はない。それを何とかあるように考えようとしてね、憲法9条のいろいろ解釈があるわけ。憲法9条の解釈がね、専門の学者において真っ二つに割れておる。

他の法律ならともかく、憲法なんですよ。その憲法の中でも一番重要な、生存に関する問題に対する意見が分かれておる。明治憲法は何でも十何年、当時の指導者がずいぶん苦労して外国のいろんな学者の意見も聞く、いろんなことを考えて十何年苦心惨憺《さんたん》して作り

＊I－17　蒋介石（しょう・かいせき）／１８８７～１９７５。日本に留学し、士官候補生として新潟県高田（現・上越市）の日本陸軍第13師団に入隊。１９１１年に辛亥革命が起きると、帰国して革命に参加し、国民党軍事指導者として頭角を現した。南京に国民政府を樹立し、28年主席に就任。中華民国・国民党を率いて日中戦争に勝利したが、毛沢東率いる共産党との間で内戦が勃発。49年に台湾に逃れた後も中華民国総統として独裁政治を続けた。

上げられたんですね。

今の憲法はどうなんだ。マッカーサー（＊Ⅰ-18）の周りの人たちが1週間ほどで作り上げたのがあの憲法だそうですよ。それを後生大事にね、今日本がまるでもう、人類始まって以来のね、立派なもののような格好をしておるのは、これどうかと私は思うんですね、本当。少なくともね、日本国民が自分で自分の意思を決定することができない時期に国の将来を拘束してしまうような、そのもとになる法律、こういうものを決定すべきじゃないと思うんです。

内容が良ければまだしも、こういうことを考えた場合には、憲法問題には真剣に日本人は取り組まなきゃいけない。平和憲法だの、理想憲法だの言っている時期じゃないと思うんですよ。ところが、この憲法をやろうとすると、できないことはないと思うんですが、なかなかやろうとしないですね。国民的にこの問題はあらゆる人が真剣に考えて、1人でも多く自分の同志を求めて、全国に広げる必要があると思います。

私が至る所で、この憲法問題に触れるときに真正面から反対を受けたことはほとんどありません。どこ行っても、私の話を聞くような人はそういう人ばっかりかもしれないんだけどもね、ほとんどないんですよ。

しかし、根本的な問題から考えるべきであるが、今の憲法のままでもね、私はまだまだやる手はあると思っているんです。

例えばカンボジアが今非常に苦労しておる。カンボジアにね、日本の技術者とかいろんな人が行っているわけですね。あの騒乱（＊Ⅰ-19）が起きてから一緒に帰った。フランスも帰れば、どんどん外国のやつはみんな帰った。ああいう場合に日本としては変わった手を使うべきだと思うんですね。これは政府でやるわけにいかんかもしれないけども、しかしアドバイスぐらいしてもいいだろう。カンボジアの人が困るときこそ日本人は残るべきである。彼らと一緒に苦労してやる。外国のいろんな技術者は皆帰る、危ないから。日本は残る。

こういう時に本当に自分らと生死を共にしてくれる国、殊にそれが有色民族であり、アジア民族であるときに、彼らは日本はやっぱり最後まで我々の味方であるという考え方を

＊Ⅰ-18　ダグラス・マッカーサー／１８８０～１９６４。連合国最高司令官。１９４５年８月30日厚木飛行場に降り立ち、日本を占領・管理。連合国最高司令官総司令部（ＧＨＱ）において、日本国憲法（46年公布、47年施行）の原型となったＧＨＱ草案を起草する。51年４月に解任され、帰国。退任演説の言葉「老兵は死なず、ただ消え去るのみ」が有名。

＊Ⅰ-19　１９７０年３月に親米派のロン・ノル将軍がクーデターを起こし、内戦が広がった。

持つと思うんですよ。それをヨーロッパやアメリカから来ておるのと一緒になって帰っていくようじゃ、これはもう対象とならない。

むしろそういうことをアメリカの方がやっておる。今南ベトナム、ベトナムなんかも、あれは仲が悪いんだけど、もう今はとにかく、大きな目標のために一生懸命やっとるんですね。ああいう国の人たちが、いろんなああいう内乱とか何とかで困っておるときこそね、我々は行って、これを助けるべきであると。あるいは人の教育なんかをなるたけ多く日本で担当してやってやるとかですね、いろいろ考えれば、こういう手が私はあると思うんですよ。こういうことをやれば、必ず今度は攻撃も受けます、反対派に。それを恐れていたら何もできないんですよ。

誰からもうまく、誰にもモテる。いかなる人にも愛されるってことはない。そんなことはできないです、絶対に。例えばペットの犬なんていうのは誰にもかわいがられるけども、やっぱり犬の嫌いな人はかわいい犬だって、あんまりかわいがらないですからね。誰にもかわいがられる、誰にも愛される、こんなことはできない。

あんまり何もかも調子のいいことはね、口では言えるけれども実際はできません。やはり自分の良心に照らしてみて本当にこれが正しいと思うことがあったら、反対があってもやるべきである。今の日本においてはこういう勇気がない方が、時代に即応しておるというような考え方が一般にあり過ぎるように私は思うんですがね、いかがでしょうか。私はそういう方面では、あんまり勇気はないんだけれども、しかし、今の日本は、私よりもまだ遥かに勇気がないと。日本の全部じゃないですよ。

勇気ある人はたくさんあるけれども、勇気を持つべき立場の者が勇気を持っていない。勇気をあんまり持たんでもいい、作家である三島さん（＊I-20）なんか、あんまり勇気なくてもよかったんだが、ああいう人がうんと持ってるんですよ。それで三島さん、ちょっと触れますとね、吉田松陰先生以来である。あの人の精神はね、日本民族の心の中に永遠に残るだろうと思う。それをまるで狂気の沙汰だとかね、常識を持っちゃ考えられないとか。そういう常識を持って考えるような者に考えてもらおうと思ったんじゃないと思うんだよ、あの人は。自分の精神が、今自分が1人、ここで死ぬことによって日本民族の中に

＊I-20　三島由紀夫（みしま・ゆきお）／1925〜1970。作家。代表作品に『仮面の告白』『潮騒』『金閣寺』など。1970年11月25日、主宰する「楯の会」会員4人と共に日本刀を持って陸上自衛隊東部方面総監室に乱入し、益田兼利総監を監禁。自衛隊員に向けクーデターを呼びかけた後、総監室に戻り割腹自殺した。なお、その後、中曽根康弘防衛庁長官の依頼で猪木正道防衛大学校長が、動揺する同校学生に向けて訓示を行っており、特定の政治目的に自衛隊を利用しようとした三島の「破壊思想」を批判している。

本当のその目を覚まさせる、自分の後継者が出てくると、この中に。

遺書を書いてないところもそこにある。あれ書いたら駄目なんですね。生き残ってね、文筆でやればいい。こういうことを言うのは、作家だから手はあるんだよ。あれはいくらやったって、ノーベル賞はもらったか知らんけどもね、あれほど国民の心の中に根強いものを植え付けることはできなかっただろうと思う。

その点において、私は、自衛隊入って総監を監禁したことは良いとは言わない。これは良いとは言えません、いくら何でも。言えないけれども、三島さんの、あの腹の中には、大楠公《だいなんこう》（＊Ⅰ-21）や吉田松陰先生のような本当の日本人の血が流れておって、それを最も有効に、有効なんていう言葉で言うのは甚だ失礼ですがね、いや見事に発揮されたと、こういう具合に考えて、私は衷心から敬意を表するし、私自身に省みて甚だ恥ずかしいと思っておる次第でございます。一応これで終わりたいと思います。

＊Ⅰ-21　楠木正成（くすのき・まさしげ）／1294?〜1336。後醍醐天皇の忠臣として南朝正統論の文脈で明治以降、また戦時に高く評価される。

II

1971年7月14日

経済企画庁長官
木村俊夫

Toshio Kimura

写真＝時事

人物紹介

木村 俊夫（きむら・としお）

1909年三重県生まれ。逓信省、運輸省海運総局総務課長を経て、49年衆議院議員に初当選。自由党から自由民主党。佐藤内閣で、内閣官房副長官（66年8月～67年6月、68年11月～71年7月）、内閣官房長官（67年6月～68年11月）、経済企画庁長官（71年7月～72年7月）を歴任。沖縄返還交渉などに尽力。

本講演後、田中（角）内閣でも外務大臣（74年7月～同年12月）を務める。自由民主党のハト派として知られ、77年アジア・アフリカ問題研究会の代表世話人に就任。83年政界引退、同年逝去。

本講演について

1966年8月から内閣官房副長官および内閣官房長官として約5年にわたり佐藤栄作首相を支えてきた木村氏が、71年7月14日に日米関係や外交、内政について講演したものである。直前の第3次佐藤内閣改造（7月5日）で経済企画庁長官に就任し、福田赳夫外務大臣の病気療養により臨時代理も務めたタイミングであった。

日米関係では、沖縄返還が焦点の一つになっていた。69年11月に佐藤首相とニクソン米大統領の日米首脳会談で返還を合意。71年6月協定調印を終え、日米各国での批准を控えていた。一方、経済では、1ドル360円の固定相場制で米国の国際収支が悪化しており、緊張感が高まっていた。

その他、国連の中国代表権問題が山場を迎えていた。45年に設立された国連の中国代表には、蒋介石率いる中華民国政府が就いていたが、中華人民共和国が49年に成立して以来、20年以上争点になっていた。前年70年の第25回総会で中華人民共和国政府を代表とする決議案に対する賛成票が反対票を上回ったことで、秋に開かれる第26回総会の動向に注目が集まっていた。

1971年7月14日講演

思いがけなく、この席上にまかり出ることになったのでございますが、今拝見いたしますと、「これからの日米関係」というテーマをいただいております。しかし私経済企画庁に参りまして、まだ十分な勉強もいたしておりませんし、また福田外務大臣（126頁）が、今度、胆石の手術をされました。非常におかげさまで順調な経過のようでございますけども、その間の留守番を仰せつかりまして、これまた中途半端な勉強しかまだいたしておりません。従いましてせっかくいただいたテーマではございますけれ

1971年6月17日に日米双方で沖縄返還協定調印式が行われた。首相官邸では佐藤栄作首相（正面右机）とマイヤー駐日米大使（中央机左）が見守る中、愛知揆一外相（中央机右）が調印した。　写真＝時事

ども、むしろ5年間、総理官邸におりました、その続きという気持ちで、いろいろ取り混ぜてお話を申し上げた方がかえっていいのではないかと思いますので、その点をよろしくご了承願いたいと思います。

丸5年、ちょうど官邸におりますうちに、日米関係が非常な変わり方をいたしました。元々沖縄問題が佐藤（*II-1）内閣として最も大きい課題ではございました。その沖縄問題が先日の調印式（*II-2）をもって、一応片が付いたようなことになっておりますが、なかなか実態はそうはまいっておりません。いろんな問題が当時から尾を引いておりまして、それが日米経済関係の摩擦、また、たまたま日本の国力が世界的にも非常に強くなってまいりましたその抵抗の中で、だんだんこの日米関係のもつれが表面に出てまいりました。私どもが2年ほど前に、第1回の日米共同声明（*II-3）の当時、予想できなかった

*II-1　佐藤栄作（さとう・えいさく）／1901～1975。郵政大臣、建設大臣、大蔵大臣、通商産業大臣などを経て、第61・62・63代総理大臣（在職64年11月～72年7月）。「人間尊重の政治」や住宅の整備をはじめとした「社会開発」を掲げた。74年ノーベル平和賞受賞。

*II-2　1971年6月17日、沖縄返還協定が調印された。調印の前に、米軍が支払うべき軍用地の原状回復補償費400万ドルを日本が肩代わりするとした密約が存在したことが、後に明らかになる。

*II-3　1969年11月、佐藤栄作首相が米国を訪問して3日間ニクソン大統領と会談し、72年に沖縄を返還すると合意した日米共同声明。

ようないろんな因子が、表面に出てまいりました。それがおそらく、来年4月か、7月か、この返還実施時期はまだ決まっておりませんけれども、それまでの間にいろいろ乱気流となって現れてくると、こういう予想をいたしております。

そこで、そういう意味におきまして、日米関係がどういう点でこのようになってきたか、また今後、どういうふうに発展するか、私の口から口幅ったいことは申し得ないのでございますけれども、私なりの考え方を皆様に申し上げ、皆様のご批判を仰ぎたいと思います。

当時、ジョンソン大統領（＊Ⅱ-4）時代から沖縄返還問題が出てまいったのでございますが、ジョンソン大統領が引退いたしまして、ニクソン大統領の時期になって初めて、一昨年の日米共同声明で、沖縄返還が約束されたのでございます。

その当時、私どもの考え方は、これで日米関係の特に政治面は非常にうまくいくであろうと。こういうような考えから、ここに太平洋新時代（＊Ⅱ-5）が来たと申したのでございます。しかしながら、皆様もご承知のような繊維問題（＊Ⅱ-6）の芽が、もう既に出ておりまして、私ども政府当局の責任でもございますけれども、これが大変もつれ合って、今日《こんにち》に至っておるわけでございます。

そういう面から申しまして、これからの日米関係、一体どこからほぐしていったらいいかということでございますが、私はこれには、あえて奇手、妙手はあり得ないと思います。オーソドックスな面を着実に実行していくということ以外に、この日米関係の打開はあり得ないと、こう考えます。いずれにいたしましても、当時と比べまして、先般、日本の財界の主だった方々が、アメリカにわざわざおいで願って、非常にその意味で、コミュニケーションが拡大いたしました。

日米閣僚会議［日米貿易経済合同委員会］（＊II-7）、これが今年の9月9日から開かれ

＊II-4　リンドン・B・ジョンソン／1908年〜1973。第36代米大統領（在職63年11月〜69年1月）。民主党。65年1月に佐藤栄作首相が訪米し、首脳会談で沖縄と小笠原返還について協議。米国の軍事施設が極東の安全のため重要であることを確認しながらも、佐藤首相ができるだけ早い返還の願望を表明。67年11月の首脳会談では沖縄返還の時期を「両3年（2〜3年）内」に合意することを確認し、返還交渉のスタートとなった。

＊II-5　沖縄返還を合意した1969年11月の日米共同声明後、ナショナル・プレス・クラブにおける佐藤首相演説の中で、「沖縄返還によって名実ともに戦後の時代に終止符を打ち、日本が米国と協力してアジア・太平洋地域、ひいては全世界の平和と繁栄に貢献して行く時代」を「太平洋新時代」と表現した。

＊II-6　アジアからの安い繊維製品の流入に不満が高まる中、1968年に日本製の繊維製品の輸入規制強化を公約して当選したニクソン米大統領は就任後、日本政府に対して毛、化合繊維品の対米輸出を制限するよう迫った。沖縄返還と引き換えに繊維問題での譲歩が疑われ、交渉は難航した。70年10月の日米首脳会談後も解決せず、日本繊維産業連盟が71年3月に対米輸出を自主規制すると宣言、日本政府はこれを理由に対米交渉を打ち切ると発表したが、米政府が強く反発した。引き続き＊III-8（147頁）を参照。

るわけでございますが、昨年、ニクソン大統領と総理が会いました際に、これはプレスブリーフィングには出さなかったんでございますが、今までのようなお祭りのような日米閣僚会議では、もう用をなさない。こういうことを我々痛感いたしまして、日米閣僚会議の仕組み、その運営も変えるとともに、これに並行して、ぜひ日米関係の主だった経済人の方々に同時においで願ったらどうかと、こういうことを実は提案したのでございます。

これについてはニクソン大統領も、アメリカの国務省も、またキッシンジャー特別補佐官（＊Ⅱ−8）も非常に賛意を表しておりましたところ、当時のアメリカは、私よく存じませんが、日本の例えば経団連、日経連、同友会（＊Ⅱ−9）その他のような財界を代表するような窓口となる団体がまだできていなかった。現在できたかどうかはまだ私存じませんけれども、実際、趣旨は結構だが、なかなかそういうものを持つまでには、もう少し機構的に考える必要があるだろうということから、あえて当時の佐藤ニクソン会見後のプレスガイダンスには出さなかったのでございます。

そういう実質的な合意は当時できておりまして、このほど、お出かけになりました日本の財界人の方々が、アメリカで米財界人の代表の方々といろいろ懇談をされましした（＊Ⅱ−10）。同時に、非常に深刻な危機感を持ってお帰りになったということは、私はこの日米関係の打開の上において、大変大きな効果があったことと思います。政府といたしましても、こういうことから、日米関係の打開が生まれてくるのではないかと、非常に心を強くしておるわけでございます。従いまして今回9月の上旬に開かれます日米閣僚会議、先ほども外務省でいろいろ相談をしておりました。この運営・仕組みを今までと違ったやり方でやらなければいけない。

ペーパーをお互いに交換し合いまして、それについてただ討論をするというだけでは済まないような時期になっておるのではないか。従って、外務省といたしましても、その面

＊II-7　第8回日米貿易経済合同委員会が1971年9月9日、10日にワシントンで開かれた。日本側は、木村経済企画庁長官の他、福田外相、水田蔵相、赤城農相、田中通産相、丹羽運輸相、原労相が出席（牛場駐米大使も同席）。

＊II-8　ヘンリー・キッシンジャー／1923〜2023。ハーバード大教授から69年1月米大統領補佐官（国家安全保障担当）に就任。密使として71年7月に中国を極秘訪問し、ニクソン大統領電撃訪中（72年2月）のお膳立てをした。ソ連に対しデタント（緊張緩和）政策を進め、第1次戦略兵器制限交渉（SALT1）にも貢献。73年9月国務長官に就任。ベトナム和平協定締結に尽力した功績で同年のノーベル平和賞を受賞した。

＊II-9　経済団体連合会（1946年〜）、日本経営者団体連盟（48年〜）、経済同友会（46年〜）。経団連と日経連は2002年に統合し、日本経済団体連合会が発足。

＊II-10　1971年6月にワシントンで開催された第8回日米財界人会議を指すと考えられる。同会議は72年から、「日米経済協議会」（71年4月設立）と米側の「米日経済協議会」（同年同月「日米経済諮問協議会」として設立、後に改称）の共催に発展している。

については、もっと突っ込んだ、遠慮のない話し合いをできるような場を、今回からつくろうではないかということに、先ほど決めた次第でございます。

そこで、日米関係、ご承知の通り、この昭和の年代、特に1960年代から1970年代、60年から70年のこの10年間に、なんと世界の貿易規模が2倍半になっております中で、日米関係の貿易は4倍半という異常な数字を示しております。いかに日米関係が、野党の方々、また反体制の意見を持っておられる方々のいろいろなご意見や批判にかかわらず、従来も、また現在も、さらに将来にわたって、日本の大きな基本的な政策でなければならんということが、もう既にこの数字が表していると思います。

この日米関係を今後一体どう持っていくかということが、日本として、あらゆる場合、あらゆる外交、経済、または文化の最も大きな課題でなければならんと思います。従いまして、私どもは、この日米関係について、やはりオーソドックスな行き方をしなければならんとなれば、当面、一体何をすべきか。

現在の日本の経済界が、特に景気の面で非常に落ち込んでおります。これを浮揚させなきゃならんという一つの政策課題と、日米間の打開という一つの外交課題とが、たまたま時を同じくして、同じ政策目的のもとにやれるということは、日本にとって極めて幸いなことであると、こう思います。

そういう意味におきまして、先般決めました総合的対外経済政策の8項目（*II-11）、これをとにかく実行の面で効果を上げることが、何にも増して当面の大きな課題ではないかと。こういうことは当然でございますけれども、さらにその決意を新たにしておる次第でございます。

もちろんこの中には、資本の自由化、あるいは輸入の自由化、関税率の引き下げ、非関税障壁の撤廃、いろいろわが国の経済界に大きな影響を与えるテーマが含まれておりまず。特に経済界の皆様方に大変いろいろご懸念やら、あるいは、影響をおかけすることになるかもしれません。

しかしながら、長期的に見まして、この一時のご辛抱によって、私は単に日米関係のみならず、日本の本当の長期的な見通しというものが確立され、わが国の長期的な発展のもとになる、原動力になるという意味において、どうか一つ、ご辛抱を賜りたいと思うので

*II-11　1971年6月4日に関係閣僚懇談会で総合的対外経済政策（8項目）の推進を決定。「輸入自由化の促進」「特恵関税の早期実施」「関税引下げの推進」「資本自由化の促進」「非関税障壁の整理」「経済協力の推進」「秩序ある輸出」「財政金融政策の機動的運営」からなる。

ございます。

９月７日ごろに、私ども、日米閣僚会議に出発いたしますが、それまでに政府の内部におきまして、この８項目の実施面について、詰めなければなりません。大変つらい作業がそこに横たわっております。しかしながら、総理以下、先ほど申し上げました通り、異常な決意と使命感を持って、これに取り組もうとしておる矢先でございます。さて、８項目を実施いたしまして、果たしてそれで日米関係がうまく運んでいくかということになりますと、まだ私は楽観を許さないと思います。

ご承知の通り、米側では、もう既に貿易収支すら、先月から赤字が出ております。総合収支ならいざ知らず、貿易収支において、既に国際収支上赤字を生んでおるというアメリカの現状の中で、わが国の対外収支、国際収支はまた異常な増え方をして、おそらく６月12億ドル以上の国際収支の黒字が出るであろうと言われておりますが、速報されておりますけれども、同時にそれによって生ずる外貨準備、６月末で76億ドルになりましたが、もうこうしてお話をしておるうちにも、どしどし増えております。私どもがアメリカへ出かける時点におきましては、１００億ドルを突破するのではないかということをむしろ懸念しておるような状態でございます。

わが国がまだ8項目の実施についての効果を上げ得ない時点で、アメリカでは既に失業率が6・2％に及び、しかも貿易収支すら赤字を見せておるような時点において、日米閣僚会議が開かれる。大変つらい苦しいような時期の会議でございます。従いまして、それに臨む以上は、私どもといたしましては、当面の8項目の実施について、まだまだ効果が全然現れない時点での訪米でございますから、よほど中身のある、アメリカを説得できるような内容を持って出かけなければならない。こういうことになるわけでございます。

そういう面から申しまして、この9月上旬の日米閣僚会議が、今後の日米関係、当面の日米関係に対して、大変大きな影響を与えるという点におきまして、ここ数年来の日米閣僚会議と比較にならない重要性を持っているわけでございます。

時あたかも、9月6日頃から米議会が、ホリデーから再開に向かうような時期になっております。沖縄返還協定、幸いに調印ができましたけれども、なかなかアメリカの上院における批准は楽観できないような状況でございます。これは率直に申し上げなきゃなりませんが、私どもはこの面について、見通しが少し甘過ぎたのではないかということを、現在私自身も反省いたしております。どうもアメリカ議会のことは、我々で言うべき筋ではございませんけれども、今、上院の外交委員会はこの沖縄返還については大変好意的でございます。フルブライト外交委員会委員長（＊Ⅱ-12）から以下、非常に好意的で、この上院の外交委員会を通過させることにおいては、何らの混乱も予想できませんが、さてそれが本会議に移りますと、歳出委員会、あるいは軍事委員会の名だたるタカ派の連中が待ち構えておりますので、34名がブロックいたしますと、上院が通らないということになります。私どもの方でもいろいろ情報を取っておりますが、現在のところでは17、18名から20名がはっきりと、この沖縄返還協定の批准について反対意思を表明しておる。先ほど申し上げましたような原因から、一つの乱気流が出てまいり、これが34名になったら大変なことになります。

どう今から、それに対する予防措置を講じ、また、これについてのいろんな努力をしなければならないかということでございますが、先ほど申し上げた、ちょうど9月上旬の日米閣僚会議と時を同じくするという外交上も大変難しい時期に差しかかるわけでございます。

従いまして、アメリカの議会、先般までは大体、上院の外交委員会に提出されるのが6月、調印後直ちに提出されるであろうという情勢でございましたが、これは私どもの方で、大変無責任なことを申し上げるようでございますが、どうも8月6日から始まる米上院の休暇までは提出すること自体も無理ではないかというような予測が強まってまいりました。そういたしますと約1カ月の休暇の後、9月の上旬でなければ、アメリカの議会のうち外交委員［会］にすら提出し得ないということにもしなれば、大変この審議が遅れるということを覚悟しなければなりません。

そうしますと、その時点において日米間のまずいことがいろいろ露呈いたしましまして、それが議会の空気に反映し、上院の空気を察知して、上院へ提出のタイミングを米政府としては考えるのではないかと思いますので、なかなか4月1日に、ぜひ返還期日を決めたいという私ども政府の考え方にかかわらず、沖縄返還協定の批准の時期はまだまだ見通しが困難であると思わねばなりません。

先ほどから申し上げました乱気流がどのように沖縄返還協定の米議会における審議に影響するかということを、これから私どもは慎重にかつ、ある意味においては積極的な対米工作のもとに進めなければならんと、こう考えておるのでございます。また、同時にその

＊II-12　ジェームズ・ウィリアム・フルブライト／1905～1995。1942年米下院議員に当選し、45年から74年まで上院議員。国を超えた人と人との交流が戦争を防ぐとの信念から、46年に成立したフルブライト法（世界各国との教育交流計画の基）に尽力。59年から上院外交委員会委員長を15年間務める。

時期は、国連総会が9月の下旬に開かれますと、お察しの通り、国連における中国代表権の問題がまたぞろ出てまいります。それ自体が沖縄返還協定の審議に何ら影響はないこと、これは当然でございますが、日本の政界におきましても、またアメリカにおきましても、この中国問題を巡る論議もいろいろ盛んになってくると思います。また、その時点で、アメリカにとって重大問題が発生しておるかもしれません。そういう意味において、この9月上旬から10月にかけての日米関係というものは、政治的にも外交的にも、また経済的にも一番大きなポイントになる時期であると、私どもは予測しております。

いろいろ申し上げたいことはございますけれども、この日米関係について、私ども政府側だけの力ではいかんともしがたい時期になっていることを、よく我々は認識しておりますので、どうか民間の、特に経済界の方々のご協力をぜひ一つ、この機会にお願いいたしたいと思うのでございます。

さて、日米関係の大体の見通しと同時に、それではそれに対応して、わが国の政局がどういうふうに発展していくだろうかということを、まず私の個人的な考え方でございますけれども、ご参考までに申し上げたい。それには一つの政治日程というものが、先にならなければなりません。

ご承知のように14日、今日でございますが、いよいよ臨時国会が開かれることになります。この臨時国会は参議院選挙の後を受けた単なる委員の構成にとどまるわけでございますけれども、前の通常国会後に沖縄返還協定の調印も行われておりますので、野党はなかなかそれに乗ってはくれません。野党が2週間の会期を要求し、また我々の方は10日ということを出しまして、その中間の11日間、すなわち今日14日から、24日がちょうど土曜日になりますが、その11日間がこの国会の会期になったわけでございます。

そこで、いよいよ17日土曜日に、本会議におきまして、佐藤総理の所信表明だけが行われます。約15分から20分の演説でございますが、それを受けて、翌週の月曜日、火曜日、衆参両院で代表質問が行われます。それに続きまして、21、22の両日、予算委員会が1日ずつ行われまして、24日に幕を閉じることになります。昨年は幸いにして夏の臨時国会はなかったのでございますが、その良い先例にならいまして、今年も8月はお互いに休もうではないかという話が与野党でうまくできておりますので、8月はお休みになります。

さて、9月の声を聞きますと、先ほど申し上げた日米閣僚会議が開かれ、それに全部の視点が集中されることになります。その後、9月27日に天皇皇后両陛下が、いよいよ御渡欧に相成るわけでございます。お帰りになりますのは10月の14日で、また24日には和歌山の国体にお出かけになる、そういうようなご予定を控えて、政治的日程というものがいろいろ考えられております。

私から申し上げるのは筋ではございませんけれども、これは推測でございますが、10月はおそらく24、25日頃から、いわゆる沖縄国会、臨時国会が開かれることになると思います。そういうような政治スケジュールで進むわけでございますが、私はこの沖縄国会で、野党に聞かれると怒られるかもしれませんが、誰しもこの沖縄返還協定には、いろんな意味合いで反対をされても、これを潰すわけにはまいりません。沖縄国会という名前はございますけれども、真実はもう沖縄国会というより、ある意味において、中国問題が非常に大きな内容を持ってくるのではないかと私は思います。すなわち、国連の場における中国代表権の問題、これはもう好むと好まざるにかかわらず、いよいよ直面しなきゃならんことになります。

私どもは沖縄国会における考え方は当然、沖縄返還協定の批准を求める国会でございますから、それに全力を集中することは当然でございますが、あわせて、中国問題に対する政府の政策というものを、それまでによほどしっかりと腹に持たないと、この沖縄国会が乗り切りにくいということは、もう当然覚悟しなきゃならんと思っております。

そこで中国代表権の問題に移るわけでございますが、率直に申し上げて私どもはまだ決定的な案を決めておりません。極端に言えば、国連総会の場まで決めなくてもいいということは理屈ではございますけれども、なかなかそれに至るまでには、いろんな運動が、工作が、必要であることは当然ございます。

また国連総会は、やはり一つの議事運営というものがございますので、この議事運営上の先議権、アルバニア決議案（＊II-13）に対して先議を取らなきゃならんということもございましょう。そういう意味におきまして、1日も早く、この中国代表権の問題に対する答えを、わが国政府なりに出さなきゃならんのですが、これも申し上げていいか悪いか知りませんが、どうも米政府もまだニクソン大統領の決断が下っていないようでございます。

従いまして、これは2国間のいわゆる日中問題ではございません。国連という多数国間の場でございますから、そういう場において、それに耐えうるような案でなければならんということがまず第一でございます。

＊II-13　中華人民共和国の友好国アルバニアが提案した、中国代表権の交代を求める決議案。中華人民共和国（北京政府）を招請し、中華民国（台湾、国府）を追放する内容。

わが国だけ1人、潔しとして出すのも一つの考え方でございますけれども、少なくとも、そういう案を考える以上、来るべき国連総会でそれに耐えうるような、はっきり申し上げれば勝てるような決議案でなきゃならんということになりますので、なかなかこれは困難でございます。

しかしながら、もう時期も迫っておりますし、外務省といたしましても、今、アメリカと友好諸国と、案を詰めておるということしか申し上げられません。もう少し無責任に申し上げれば、これは外務省の立場でなしに、政府の立場でなしに申し上げれば、いろいろ案が出てまいりました。

かつての重要事項、いわゆるIQ（＊II-14）というものは、もはやその場に耐えないということは常識になります。総理も、このことをある公式の場でも言っております。

ただ、この重要事項指定決議案を、別のアングルから見ようとする意見もちらほらあることはご承知の通りでございます。いわゆる重要事項、玉砕論というのも出ておるようでございます。そういう考え方は別にいたしまして、オーソドックスに申し上げて、IQ決議案は、次の国連総会では耐え得ない案だということがもう決定的になっております。

しからば一体次にどういう案があるであろうかと、いろいろこれをミックスいたしました案、方式は私どもが知っておりますだけでも12、13案ございます。いろいろ考えあぐねたバリエーションがございますので、それだけの案が出ておりますけれども、しかしながら、それもこれも結局単なる案にすぎません。

これが米政府の案であり、これが日本政府の案であるというものはまだ正確に私どもは持っておりません。その中で、皆さんのお目に留まった案が二、三ございます。すなわち、二重代表権いわゆるDR案と称する決議案（＊II-15）でございます。

もうご承知と思いますが、私どもはあくまで「中国は一つなり」という立場を、これを堅持すると。従って「ワン・チャイナ」である、これは堅持いたしますが、しかしながら「ワン・チャイナ」の中で、政府が二つあるということはもう客観的事実として認めざるを得ないではないか。すなわち北京に中華人民共和国政府あり、台湾に中華民国政府あり、この客観的事実はもう認めざるを得ないから、これをそのまま国連に持ち込んだらいかがかと。「one-China, two-government」［一つの中国、二つの政府］と申します。そう

＊II-14　重要事項指定決議案。国連総会において、重要問題についての決定は3分の2の多数を必要とする（国連憲章第18条）ことから、「中国の代表権を変更する提案は全て重要問題である」とする旨の決議案。

＊II-15　二重代表制決議案。中華人民共和国の国連参加を認め、中華民国の議席も認める旨の決議案。実際に第26回国連総会に提出された決議案では、安全保障理事会常任理事国の席を中華人民共和国に与える点も含まれている。

1970年3月～9月に日本で初めて開催された大阪万博。手前に見えるのはシンボルとして芸術家の故岡本太郎氏が制作した「太陽の塔」。高さ70mで、正面、背面、頂部にある三つの太陽の顔が特徴。
写真＝朝日新聞社/時事通信フォト

いう案を考えたのは、二重代表権問題でございます。

この案のいろいろ長所短所もございます。しかしながら私ども、国連というのはもっと考え方を楽にしたらどうだと。昨年のエキスポ、万博（＊Ⅱ-16）のような考え方も成り立つではないかと。そこに英国本国政府とその属領の一つである香港が仲良くパビリオンを持っていたではないかと。従ってそういうような国連憲章をもう少し広く解釈して、国連憲章の中のメンバーという点を重視して、今申し上げたこの両政府を、そのまま二つの代表権を持つものとして、国連の中へ持ち込んだらどうかと。ソ連が、ソ連の連邦の一つであるウクライナ、あるいはホワイトロシア［ベラルーシ］、そのまま三つの代表権を持つ連邦として国連の中に入れております。これはもちろん国連が創設当時のことでございますから非常にやりやすかったんですが、現在、国連憲章が法律的に決められたこの時点で、それが可能かどうかということは非常に疑問であると国際法学者は言っておりますけれども、国連憲章自体が、もう既に国連のメンバーが決めたことであるから、国連のメンバーがこれに対してOKを言えばできないことはないではないかというのが、このDR案のまた一つのポイントでございます。

これについてはもちろん、北京は問題にいたしません。またアルバニア決議案を支持した国々も問題にいたしません。これは二つの中国を指向するものだという理由のもとに、これは、絶対反対をいたしましょう。

従って、これがたとえ通りましても、北京は国連に参加をいたしません。ただその際にもう一つ、この重要事項について、バリエーションがございます。ただ二つの政府が入るということ以上に、北京に安全保障理事会の常任理事国の議席を与えることによって、二

＊II-16　大阪万博（1970年）。日本で行われた初めての万国博覧会で、テーマは「人類の進歩と調和」。香港は英国香港政庁としてパビリオン（香港館）を展示。

重代表権制度にある程度の発力が加わるので、その場合には、これが国連を通り、また北京が入ってくる可能性があるではないかという意見がその間に出ておりますけれども、おそらく私どもの見通しでは、国府は絶対これに対して、承服はいたしません。

北京に常任理事国の議席を与えるくらいなら、台湾はそれを潔しとしないで、ウォークアウトするであろうということは当然考えられますので、結局、台湾の議席を守ろうとする日本政府の我々の立場は、それに加担できないことは明らかでございます。

第三の方式は、今までの重要事項のその逆を行こうといういわゆる逆IQ方式（＊Ⅱ-17）でございます。重要事項指定方式が北京の代表権を合法的政府として認めることについて、3分の2の議決を要する重要事項として指定するものであることはご承知の通りでございます。

しかしながら、これをもってしてはなかなか今回の国連総会は多数を得ることは、もう既に見通し上困難でございます。そうしますとそれが敗れた後で、アルバニア決議案が出た場合、当然、可決と同時に北京が国府に代わり、常任理事国として入ってまいりまして、代表権を回復して、その結果アルバニア決議案の後段で、今までの国府の地位というものは不合法なものであるとして、国連から追放するということが実現するわけでございます。

自ら脱退するのでなしに、汚名を着て、とは少し過ぎるかもしれませんが、正統ならざる政府として国連から追い出されるというのが、アルバニア決議案の内容でございます。そうなりましたときに、今まで国府を正統政府として承認いたしておりました日米両国政府の立場のみならず、国府の立場に非常に好意を持っております五十何カ国の意思もそこで無視されるわけです。私から申せば、今までそういう非合法である、代表権を国府に与えておった国連自体、自ら唾をするわけでございますが、こういうアルバニア決議案を通すことは、絶対防止しなきゃならないということが、今度の国連総会における最大の眼目にしなければならないと思います。

従って、アルバニア決議案を防止するために、どういう方式が最も有効かという点に絞られてまいります。よく野党の方々、あるいは非常に急進的な北京との国交回復論者が、もうそういうことはあえて問わない、この際思い切ってアルバニア決議案が通ってもいいではないかと、日本が賛成をしなくても、せめて棄権程度で、これを実現した方がかえっ

＊II-17　追放反対重要問題決議案。中華民国の追放を重要問題（3分の2の多数によって決めるべきである）とする決議案。

てすっきりしていいではないかと、こういうことを言っておられます。今申し上げたようないろんな点から申しましても、これは極めて無責任な意見でございます。また、もしアルバニア決議案が通り、北京が常任理事国として入ってまいりますと、ご記憶の通り、かつての朝鮮戦争時代の北京政府、中共を侵略者として、決議をいたしました全ての決議案がその根拠を失うことになります。今韓国におります米軍の二個師団は、現在は国連軍としての存在でございますが、これはもう国連軍でなしに、単なる米韓条約に基づく米国軍という性格を、強く持つことになります。

これがまた日本の日米安保条約に及ぼす間接の影響もございましょうし、そういう面をいろいろ考えますと、先ほど私が申し上げたような野党、あるいは一部の方々のような無責任な立場は、絶対にわが国としては取ることができません。私どもはまだ自信のあることを申し上げる段階ではございませんけれども、この国連総会に、いかにして日本が今までの態度を堅持して、しかもそういう外交目的、これは単なる外交戦術上の目的でなしに、日本の外交の基本の問題だと私は思います。

従って非常に無責任なあるいは国際信義を失うような考え方のもとに臨んだ場合、いかにそれがその場で取り繕えましても、長期的な日本の国際信用には大きな汚点を残すことになりはしないかと。こういうことから、私は断じてそういう意見にはくみし得ないのでございます。

そういう意味で私どもは、この国連総会に臨む態度というものを、これから政府全体の問題のみならず、国民の皆さん方にも十分ご理解願い、ご納得いただけるような考え方をもとに取りまとめ、これを力強く推進していきたいと考えておるのでございます。

いろいろ雑駁《ざっぱく》なことを申し上げましたが、これと同時に私が申し上げなければならないことがございます。口幅ったいことを申し上げるようですが、これから日本がちょうどある意味において、国際的にも、あるいは内政国内的にも非常に大きな転換期になっているのではないかということを痛感いたします。

対外経済政策8項目では、単なる貿易、あるいは景気浮揚策としての面を持っておりますけれども、もっと深く掘り下げてみますと、その中には、日本が今まで進んできたいろんな態度、考え方、物の見方、そういうものをこの際、根本的に見直してみる必要があるのではないかと。私は、この8項目がそのことをたまたま具現しているという気がいたします。

すなわち国際的に見ますと、国民の皆さん方の大変なご努力によって、今やもう世界で

1971年7月1日に環境庁が発足した。初登庁し、「環境庁」の看板をかける山中貞則長官（右）。
写真＝時事

も第2位の経済大国にも成長いたしましたが、その半面、アジアをはじめとして、大変な抵抗が出ております。そういう面で、今までのbehavior［行動、態度］と申しますか、対外behaviorをこの際、根本的に一つ改める必要があるのではないか。これは経済協力の形にしてもしかり、また、既に軍国主義復活うんぬんしております。アジアのそういう危惧を、あるいは世界的な日本に対する風当たりをかわすためにも、外貨100億ドルを近く突破するこの機会に、思い切って転換する必要があるのではないかと、こういう感じがいたします。

　と同時に、対外経済政策8項目の中には含まれておりませんけれども、私はそれに加えて、日本の国内政治の転換が必要だと思います。すなわち今まで経済成長一本槍で進んでまいりました、この対内的 behavior と申しますか、それについても転換をすべき時期ではないかと、こういう考え方をいたします。これからの日本としては政治の目標として、社会資本の充実を大きく打ち立てていかなければならんと思います。

2～3年前まではあまり大きな声でもなかった公害問題、交通難の問題（＊II-18）、あるいは物価の問題にいたしましても、内政上の重要問題、難問題が、もう踵《きびす》を接いで出ております。ここら辺で一つ、今までの考え方を改めて、幸いに蓄えたこの国力を、その方面に少し傾斜的にも集中すべきではないかと。天の配剤と申しましょうか、国民の皆さん方の汗水垂らして稼がれた外貨準備の100億ドルの中にそれが含まれておるという認識を持っていかなければならないと、こういうような考えがいたします。

大変生意気なことを申し上げるようでございますけれども、私は官邸に5年おりまして、いろいろ時の移り変わりを官邸の窓から眺めておりまして、その点を非常に痛感いたしております。大変とりとめのないことを申しましたが、どうか一つ今後、忌憚《きたん》のないご

＊II-18　急速に産業・技術が発展する中で公害問題が深刻化。また、自動車の急速な普及により、排ガスによる大気汚染や事故の多発、騒音も問題視された。1967年に公害対策基本法制定、68年大気汚染防止法、騒音規制法制定、「公害国会」と呼ばれた70年の臨時国会では水質汚濁防止法など公害関係法14法制定、71年7月に環境庁設置。早急な対策が求められていた。

批判を賜るように切にお願い申し上げまして、私のお話を終わりたいと思います。

III

1972年1月24日

外務大臣
福田赳夫

Takeo Fukuda

写真＝時事

人物紹介

福田 赳夫（ふくだ・たけお）

1905年群馬県生まれ。大蔵省銀行局長、主計局長を経て、52年から衆議院議員。日本民主党から自由民主党。岸内閣で農林大臣（59年6月〜60年7月）、佐藤内閣で大蔵大臣（65年6月〜66年12月、68年11月〜71年7月）・外務大臣（71年7月〜72年7月）を務める。

本講演後、田中（角）内閣で行政管理庁長官（72年12月〜73年11月）、大蔵大臣(73年11月〜74年7月)、三木内閣で副総理・経済企画庁長官（74年12月〜76年11月）を歴任。76年12月第67代総理大臣に就任（〜78年12月）。77年8月、マニラを訪れ、対東南アジア外交政策を表明（福田ドクトリン）。日本の軍事大国化を否定し、対等な立場で東南アジア諸国との関係強化を打ち出す。90年政界引退、95年逝去。

本講演について

佐藤内閣で大蔵大臣に続き1971年7月から外務大臣を務めていた福田氏が、72年1月24日に日米関係や世界情勢について講演したものである。1月6日、7日に米国・サンクレメンテで日米首脳会談が行われた後のタイミングであった。同首脳会談は、ニクソン大統領の2月の訪中、5月の訪ソに先立ったものである。

71年7月15日発表した訪中は、対中接近の政策転換で世界に衝撃を与えた（ニクソン・ショック）。さらに、ニクソン大統領は同年8月15日、ドルと金の交換停止、10%の輸入課徴金などを柱とする新経済政策を発表し、世界の市場は混乱に陥った（ドル・ショック）。最終的に同年12月10カ国蔵相会議で、円は米国の狙い通りに切り上げられ、1ドル308円となった（スミソニアン体制）。

一方、沖縄返還協定が同年11月米議会承認、12月国会承認を経て、いよいよ返還の実現が近づいていた。

1972年1月24日講演

沖縄が今年の5月15日にいよいよわが国に返還され、わが国のものになると、こういうことでございます。沖縄の返還というと、今では当たり前のことという感じを持たれますが、これは戦後歴代内閣が、大変苦労した。また同時に沖縄県民、またこれを支援する1億の日本国民、この問題に取り組みまして、ずいぶん久しいのであります。

私が今日ここへ立ち寄ることが遅れましたのは、グロムイコ・ソビエトロシア外務大臣（＊Ⅲ-1）との会談があり、それが延びた関係でございます。

本講演の前日（1972年1月23日）、来日して羽田空港でメッセージを読み上げるソ連のグロムイコ外相。右は出迎えの福田赳夫外相。 写真＝時事

私はここ［壇上］に立ち、思い起こすのですが、12年前に、当時農林大臣でありまして、日ソ漁業交渉でモスクワに参ったのであります（＊III-2）。100日交渉と言われるこの交渉がなかなか片付かない。そこで最終段階になりましてですね、私が自らモスクワを訪問し、当時のフルシチョフ首相に面会を申し入れまして、フルシチョフ首相と約2時間にわたって、日ソ間の諸問題、特に漁業の問題を論じたのです。

最後に領土の問題を話し合ったわけでありますが、私はなかなか難しい話になるだろうと思ったところ、さにあらず。フルシチョフ首相は、「よく分かりました」と言うんです。ただ、アメリカが今沖縄を占領しておる。このアメリカが沖縄から手を引く。すなわち、「アメリカが沖縄を日本にお返しするときには、わが国におきましても、北方領土のことを考えましょう」、こういうことだ。私はその時に、ずいぶん独裁者というものは大胆な

＊III-1　アンドレイ・グロムイコ／1909～1989。ソ連の外交官としてヤルタ協定（1945年）に関与。57年から85年まで外相を務め、60年1月に日ソ共同宣言（56年）の2島返還の新たな条件として「日本からの全外国軍撤退」を要求する（グロムイコ覚書）など、北方領土問題に因縁がある。「ミスター・ニエット（ノー）」の異名も。

＊III-2　1956年に日ソ漁業条約が発効し、漁獲量や漁獲の条件の日ソ間の交渉が行われていた。福田農相は60年4月に訪ソしたが、同年1月には日米安保条約改定に反発したソ連がグロムイコ覚書（＊III-1）を一方的に発し、日本は反論するなど、北方領土問題も緊迫したタイミングであった。

1972年1月5日、日米首脳会談（サンクレメンテ）に向けて訪米するため、羽田空港を出発する（左から）水田三喜男蔵相、田中角栄通産相、佐藤栄作首相、福田赳夫外相。
写真＝時事

ことを言うもんだなという感じを持ったわけでありますが、それはそうじゃない。おそらくフルシチョフ首相は、沖縄島が近い将来にアメリカの手から日本に返る、アメリカが沖縄島を手放すということは、ゆめゆめ想像もできないからこそ、そういう大胆なことを発言されたんだろうと思います。

もう12年前が、そういう状態です。それが、佐藤内閣が成立いたしましてから急速に返還の機運が醸成される。そして今年は、いよいよそれが実現をする。申し上げるまでもありませんけれども、戦争で失いました領土が返還されてくるということは、古今東西本当に、類例まれのこと、ほとんどないことであります。それが一遍の話し合いによりまして、この日本に返ってくるということ。これを考えますと、私は感慨無量です。

ただいま申し上げましたいろいろな事情もありましょうけれども、結局帰するところはわが日本の国力です。わが日本国の国力を無視して、アメリカはアジアの政策を行うことができない。そういうことに根源があるんだと考えますときに、私どもの日本国が、素晴らしい戦後の復興の過程をたどったなと、感慨無量のものを感じるわけであります。

この5月15日の沖縄返還は、サンクレメンテの1月6日、7日における会談（＊Ⅲ-3）において、最終的に決められたものであります。サンクレメンテの会談につきましては皆さんが大体ご承知でありますから、詳しいことは申し上げませんが、昨年の12月の中頃に、アメリカから接触がありました。ヨーロッパの主要国の首脳と会談をする。ついでは、アジアにおける同盟国である日本の首相とも会談をいたしたいんだ。それは訪中・訪ソを控えて、さような話をしておきたいんだと、こういうことであります。

＊Ⅲ-3　1972年1月6日および7日、米国カリフォルニア州サンクレメンテにおいて行われた日米首脳会談。佐藤首相・ニクソン大統領の他、日本から福田外相、水田蔵相、田中通産相、米国からロジャーズ国務長官、コナリー財務長官、スタンズ商務長官が参加し、首脳会談と並行して福田・ロジャーズ会談などが行われた。

都合はどうかと言うんでありますが、わが国におきましては、国会の見通しが立たない。年内はどうしても約束することができない。そこで、年を明けて国会が再開されるまでの間、つまり元日から20日までぐらいの間が一番都合がいい。場所につきましては、ハワイが良いのではないかと話したわけであります。

アメリカにおきましても、この日取り、それでは6日、7日にいたしましょうと。ただ、今アメリカの大統領の日程が非常に詰まっており、ハワイまで出ていけない。しかし、サンクレメンテ、つまり太平洋岸までは出ていけるということで、そういたしましょうと、サンクレメンテにおいて、1月6日、7日と決定されました。

サンクレメンテは、サクラメントとは違うんです。あれは北の方、サンフランシスコに近い方でありますが、そうではなく、ロサンゼルスよりずっと南の方、メキシコ境に近い方であります。その海岸、崖の上に、太平洋を望む、太平洋に面した松原の中に、ニクソン大統領の説明によりますと、「これは私が持っておる私有財産のただ一つのものである」という住まいがあるわけです。それがカサ・パシフィカという名前が付けられておる。スペインの名前で、「平和の家」という意味だそうです。その隣に、大統領の執務室をバラック建てでしつらえています。それを西部ホワイトハウスと呼んでおりますが、会談はそこで執り行われたわけであります。

第一に、何と申しましても、世界の情勢を論じなければならない。中国訪問、あるいはモスクワ訪問、これの意味合い。また、それに先立ってどうしても、自由主義諸国が団結を固くしておかなきゃならん、というような問題。さような問題において両首脳の間で細々と意見の開陳が交わされたわけであります。

今アジアにおいて最大の問題は、何と言っても中国問題である。そこで、中国問題にかなり時間を費やしたわけであります。アメリカから率直な見解の表明がありましたが、2月の21日に、ニクソン大統領は北京を訪問するということになった。しかし、この訪問にあたり、何らの事前の約束事というものは一切ないと明らかにしております。また中国問題を論ずるにあたり、一番重要な、また厄介な問題は、台湾の問題でありますが、国民政府に対する政策、これは北京訪問によって、いささかも変動させないとはっきりと言っております。

また同時に、特に大事な問題は、国民政府に対する軍事上の制約、この約束は、どこまでも守り抜くと、明言をしておるわけであります。

それで私どもから反問をするわけでありますが、そういう状態で北京を訪問して、何か成果があるのでしょうかと。そうしますと、［アメリカ側は］率直に言いまして、訪問自体に意味があるんですと。こういうふうに了解を願いたいと。

もちろん私どもは日本と同様に、中国という、あの［人口］7億、8億と言われる大国が、国際社会から外にはみ出した形でいるのは世界の平和、特にアジアの平和のためによろしくない、とそういうふうに考える。しかし、わが国はこの友邦国との犠牲において北京訪問をすることはできない。こういうことをはっきり断言するわけであります。

訪問自体に意味があるとはいえ、訪問をした以上は、何かの成果はあるでしょう。些細な、例えばお医者さんの交換の問題、あるいは文化人、学者、報道関係者の往来というようなことはありましょう。しかしそれ以上のことにつきましては、今日《こんにち》はっきりした期待は持てない。

わが方から、それではアメリカの政府関係者を北京に駐在させるというようなことができる見通しであるかと話をしましたところ、いやその問題につきましては、非常にお答え申し上げることが難しいと。そういう予見を、はっきり立てることはできない。ともかく、北京に行ってみる。行ってみて、どういう感触がこれから生まれるかということで、その先のことは考えてみたいということを言うのであります。

わが国はこれに対しまして、アメリカと中国との関係とは非常に違ったものである。わが国は既に中国大陸との2000年の長い交流の歴史を持っておる。しかも、地理的には一衣帯水の関係にあるんです。中国との間に、戦後長い間、正常な関係がないというのは、誠に不自然なことである。中国との間にわが日本が国交を開く――これはまさに歴史の流れと言ってもいいでしょう。そういうふうな観念を抱いております。

よって、わが日本は、中国との間の国交の正常化を進めたいと考えておる。これに対する北京政府の反応というもの、直接的には来ておりませんが、間接的に伝え聞くところによりますと、甚だこれは難しい。

中国は今、わが日本が国交正常化のために政府間の接触を行おうという動きを示しているのに対して、政府間接触を始めるにつきましては、前提条件が必要である［という］。

第一は、中華人民共和国、今の北京政府であります、これを中国における唯一正統の政府と認めよ。第二は、台湾は中国政府の、中華人民共和国の不可分の領土であるということを認めよ。また日本と中華民国政府との間に締結されておりますところの、日華平和条約を直ちに破棄せよと、こういうことを言っておる。私どもはそれを鵜呑みにすることは実はできないんです。

そういうことを考えますと、わが国は正常化という旗を掲げており、これはアメリカと非常に違う。アメリカはとにかく、北京に大統領が行ってみると。それが事の始まりだという考え方であるが、わが国は一歩進んで、正常化ということを言っておるんです。

しかし正常化という進んだ考え方に対して、さような難しい条件が提起されておる。とにかくわが日本はですね、政府間の接触を始めてみようじゃないか。その政府間接触の過程において、それらの難しい諸問題というものを議論し、結論付けようじゃないかと言っておるんですが、北京政府は何としてもこの3条件が認められない限りは政府間接触を始め得ないと、こういうふうに言い張って、今日、非常に事態は停滞をしておるんだという話を申し上げたわけであります。

つまり、日米間におきましては、中華人民共和国が国際社会の外にあり、日本もアメリカもこの大国と、政府間の接触を持たない、正常な関係を持たないということは、アジアの平和、世界の平和から見て妥当でないという考え方につきましては、一致いたしております。

しかし、北京政府にアプローチする方法になりますと、わが日本の方がかなり進んだ考え方を持っておるのであります。その点は会談におきまして、非常に明確化され、確認をされたわけでありますけれども、お互いに、お互いの置かれておる立場というものを考える。またお互いが主権国家であるということを考えるときにですね、基本的な考え方は同じである。しかしその行き道が違うくらいのことは、やむを得ないのではあるまいかと。ただし、違う行き道をたどることにつきましても、どういう事情でどういうふうに違っていくのか。両国がおのおの中国政府に対して取るその措置につきまして、事前および事後において緊密なる連絡を取りましょうやということで、意見の一致が見られたのであります。

サンクレメンテの会談におきましては、ベトナムの問題あるいはインドの問題（＊III-4）、あるいはその他のアジア諸国に対する問題、遠くはヨーロッパにおける問題、さようなことも論じられました。そのことは省略をいたしますが、日米間の二つの国の問題になりますと、主として当面の問題である沖縄の問題に時間をかけたわけであります。

第一の問題は、ただいまご報告を申し上げましたが、返還期日をどうするかという問題です。第二の問題は、沖縄県民が、濃密に敷かれておるところの米軍基地の整理縮小につ

＊III-4　第3次印パ戦争。1971年12月、東パキスタンの独立をインドが支援、全面戦争に突入した。東パキスタンは独立してバングラデシュになった。

きまして、強い期待を持っておる。この基地の整理縮小問題をどういうふうに考えるかという問題であります。それから第三の問題は、これは核です。沖縄には、アメリカ政府としてははっきりは言っておりませんけれども、私どもは、核兵器がかなり装備されておると、こういうふうに見ております。その核の問題につきまして、日本国民に、特に沖縄の県民の方々に不安なからしめる［不安をなくさせる］ための措置をどうするかということであります。

第一の返還期日の問題はです。昨年春の愛知・ロジャーズ会談（＊Ⅲ-5）におきまして、わが国は4月1日を主張し、またアメリカは7月1日を主張したわけであります。そしてそれっきりになって、今日に至ったわけであります。しかし、つらつら考えていますと、これははじめに4月1日と主張したから日本は4月1日でなきゃならん、7月1日と主張したからアメリカは7月1日でなきゃならんという、いわばメンツの問題で論じては、事を誤る。この両方の引き継ぎの準備万端が整う時点はいつであるかを中心にして考えなきゃならない問題である、というふうに私は考えたわけであります。

アメリカにおきましては、想像されるところの核の撤去、これに大変な準備が要ります。それから那覇飛行場が、今度はわが国の飛行場として完全無欠な形で返ってくるわけでありますけれども、この那覇飛行場にはＰ３（*III-6）という飛行中隊が駐屯しておる。この行き先を探して、移転を完了しておかなければならんというような問題もある。そういう米国側におきまして、取るべき準備作業というものがたくさんあるわけであります。であるがゆえにアメリカは7月1日でなければ、準備は完了いたしません、引き継ぎはできませんと、こう主張するわけであります。

わが方といたしますと、主として二つ大きな準備がある。一つは、基地であります。今まで米軍がかなり自由に使用してきた米軍基地を、今度は国土が返還され施政権が返還されるのですから、本土並みの基地の取り扱いをしなければならない。

つまり、わが国は、米軍基地となるべきその土地を所有者からわが国自身が借り上げて、そして米国に提供をする、という措置を取らなければならないのであります。もちろん昨年暮れの臨時国会におきまして、日本政府と地主との間に契約が整わない場合は自動的に政府が使用権を獲得できる、こういうふうになっております。しかし、これ

＊III-5　１９７１年６月９日に在仏米大使館で行われた愛知揆一外相とロジャーズ米国務長官の会談を指すと推察される。

＊III-6　Ｐ３対潜哨戒機。那覇空港は米軍のＰ３対潜哨戒機の部隊が駐留し、移駐が課題となっていた。

に対しましては、野党からは土地強奪法案であるというようなことも言われた。そういうことを考えますと、法制的な準備はありますけれども、できる限り地主との間に、正常な契約状態において、政府がその使用権を獲得する。そしてアメリカにこれを転貸をする、という形を取りたい。

さらに労働契約がだいぶ違ってくるんです。今、米軍が主として沖縄県民を軍労働者として使っております。これは、米軍と労働者との間の労働契約によって、そういう労働力使用が行われておる。今度は、わが国日本政府がそれらの人々との間に雇用契約を結び、わが国政府がこれを雇用する。そしてその雇用を、米軍に提供するという形になる。時あたかも、円ドルの交換の問題（＊Ⅲ-7）がある。そこで、その新たに締結すべき労働契約の中で、サラリーをどうするかというような難しい問題があるわけで、これにも手間が取られるであろうというふうに思う。

そういうことをいろいろ考えると、愛知・ロジャーズ会談において愛知・前外務大臣は4月1日を主張いたしましたけれども、防衛庁におきましてはこの4月1日は絶対引き受けはできませんと言う。それでは5月は一体どうなんですかと聞きますと、非常に困難です、と。困難でありますけれども、ひとたび命令が下れば、それはもう昼夜兼行でも努力をしなければならない問題である、そういうふうに言う。

そこで私とロジャーズ国務長官との間におきまして、返還期日をどうするということを、いろいろ論議をし、2人の間ではだんだんとアメリカ側が降りてきた。日本側は5月の声が聞きたいんでしょうということで、5月31日ではどうでしょうかと言い出したんでありますが、私どもは大体その辺を考えておったんです。アメリカが譲歩しうる最大限は6月1日じゃないかと考えておりましたが、しかし5月31日と言う。

ここで私がロジャーズとの間で返還時点を決めるということは妥当を欠くと、私はそう考えたんです。これは、佐藤総理のこれからの政治日程にもいろいろ関連のある問題だろうと。まだ多少の含みもアメリカにはあるようだし、私がここで決めるよりは、トップ会談で決めてもらった方がよかろうと。こういうふうに存じまして、翌日のトップ会談に、そのロジャーズ・福田会談の経過を話し、両首脳の裁断を求めたわけでございますが、そ

＊III-7　本土復帰とともに沖縄の法定通貨は米ドルから日本円へと替わるが、前年1971年8月のいわゆる「ドル・ショック」で、ドルの価値は急速に下落。1ドル＝360円の固定為替レートは切り下げられ、本土復帰に伴う交換レートは305円に決まった。日本政府は同10月、交換時の差損を補償するため、住民が所有するドルを申告させる異例の「通貨確認」を実施した。

なお、「割高」な日本円に交換された復帰直後の沖縄では、便乗値上げもあって物価が高騰。社会問題ともなった。

の報告が終わりますと、ニクソン大統領が立ち上がりまして、総理大臣に握手を求めるわけですよ。総理大臣も立ち上がって握手に応じた。そうしたら、ここで一つ手を打ちましょうと。ちょうど真ん中です。5月15日にしましょうとこう言うんですね。そこで5月15日ということが決まったわけであります。

一番この会談で沖縄関係におきまして、骨を折ったのは基地の整理統合の問題なんです。アメリカにおきましては、ポンピドゥー大統領［仏］や、ヒース首相［英］と、あるいはブラント首相［西独］と会談した直後のサンクレメンテ会談であり、ヨーロッパの3首脳との会談におきましては何が主題であったかというと、これはヨーロッパの安全保障という問題であります。

ヨーロッパの安全保障の問題につきまして、ニクソン大統領にヨーロッパ側の主張するところは、NATO条約に従って、米軍が今ヨーロッパに32万名駐屯をしておるわけでありますが、その米軍のNATO兵力を一兵も減らしては困ると。こういうことを、散々言われてきて、ドイツやイギリスのごときは金まで積み増しをいたしますからぜひ一兵も減らさないでくれと。そういうことを言われてきた直後、日本から基地の問題を持ち出される。これは非常に異様の感を抱くに違いない。そういうふうに思いまして、私は日本の立場というものを、大統領、またロジャーズ国務長官によく話した。

わが日本は、日米安全保障条約を必要とします。米軍の駐留、これはどうしてもわが日本のために当面必要である。何となれば、わが日本は戦後、経済大国になりました。おかげによるところも大であります。この経済大国日本は、世界の国々がたどったような歴史、つまり経済力が付きますれば軍事力の強化という方向に向かう、経済大国はすなわち軍事大国である、という道を選ばないんです。

米ソ・二大強国が、核兵器を開発した。今日の世界情勢を見てみますと、これまでとは非常に変わってきておりますのは、核兵器が開発されたということが、世界に第三次大戦を勃発させることを強く抑止をしておる。あれだけの強大な核兵力を持ったアメリカも、またソビエトロシアも、核兵器を用いるがごとき世界大戦争に突入するならば、アメリカ、ソビエト、これは滅亡する。それはもとより、世界人類の滅亡にも通じるような悲劇になってくるんだ。そのことはよく知ってるはずだと。よもやですね、あえてその愚を犯すようなことはあり得ない。そういうことを考えますときに、絶対という言葉は使えませんけれども、展望しうる将来において、第三次世界大戦争、つまり核兵器が用いられるような戦争というものは起き得ないという、こういうふうに判断をしておる。

戦争が予見される世界におきましては、軍事力が物を言う世界であります。戦争が予見されない世界におきましては、軍事力が物を言わないという状態ではございませんけれども、しかし、より経済力が物を言う世界になってきておる。

わが日本はこれからも、自衛のための軍備、これには大いに努力をしたいと思う。しかし自衛の範囲を超えて、この憲法第9条に背反するような行動はできないんです。持とうとすれば、強大な軍備も持てます。また、核兵器まで開発しうる経済力と技術力を持っておる、わが日本でありますけれども、あえてそれをいたしません。

そうして、強大な軍備を持たないその余力を、遅れておる日本の国内の整いにも使えます。しかし、その余力を持ちまして、特にアジア諸国、あるいは南米、アフリカ、中近東、そういうところの遅れた国々の開発に協力をいたしたい。

私どもは世界の平和の抑止力としての作用は持っておりませんけれども、しかし、経済の協力を通じまして、与えられる国の社会の安全、安定を促進する。それを通じて世界の平和、世界の安定に寄与できるというふうに考えておる。そういうことで、今、当面我々は十分な軍備というものは持たない。

しかしながら、世界の情勢、何が起こるか分からない。そういうことを考えますと、日本国の戦争抑止力というものには、いくら努力をいたしましても限度があり、不足がある。その不足するところは、日米安全保障条約に期待する。日米安全保障条約によってわが国の安全を守られますけれども、その対価といたしましては、全世界に向かってわが国は経済的な協力をすると。これで、わが国の姿勢というものを十分ご理解願いたいんだという話をした上で、そういう考え方に立ち、わが国は日米安保体制を必要とし、また、沖縄を含めて、日本の国内における米軍基地の存在につきまして、いささかの不足を言うものではありませんけれども、わが国に米軍が駐留する、その仕方が問題なんだと。この駐留の仕方を誤りますと、円滑な駐留ができなくなるかもしれない。特に沖縄におきましては戦後26年間、勝者と敗者というところの関係がある。その余韻というものが残るはずである。そういう余韻を残しながら、特に沖縄におきまして米軍の駐留が行われるようなことになりますと、米軍の駐留はおろか、日米間に非常に大きな問題を巻き起こすに違いない。さあらばこそです。必要以上な基地は、アメリカは日本国内においては保有しない。特に濃密な配置となっているところの沖縄の基地につきましては、これを整理統合するという基本方針を出してもらいたいんだという話をいたしました。

結局、返還後には日米安全保障条約と両立する範囲内におきまして、基地の整理統合の

1971年10月15日、通産省大臣室で始まった日米繊維交渉。手前右から2人目が米国側のケネディ米大統領特使、向こう側に田中角栄通産相。　写真＝時事

相談をいたしましょうという約束を取り付けることができたわけであります。

　それからさらに核の問題につきましてはですね、これは割合に抵抗が少なかったんでありますけれども、沖縄返還時において、大統領の名におきまして、沖縄にもはや核は存在はしないということを明らかにする。同時に良い機会でありますので、沖縄ばかりではなく、日本本土におきましても、さようなことはありませんということも確認必至です。さらに将来にわたりましても、日本の核政策、つまり非核三原則であります——核を製造せず、核を貯蔵せず、持ち込まず、この三原則につきまして、協力をいたしますという意図証明を行いましょうということになったわけ

であります。

この沖縄問題の他に、経済の問題だとかいろいろ日米間の文化の問題、話し合いがありましたけれども、とにかく今度私どもを迎えたアメリカの態度というものは、非常な変化であります。私は昨年の9月に日米合同委員会に出席するためにワシントンに参りましたが、あの時と比べますと、全く行って帰ったような違いである。

何でそういうことになったのかということを考え、分析してみますと、一つはですね、繊維交渉というものが妥結しておったということであります（＊Ⅲ-8）。これは繊維関係者には大変ご迷惑をかけたような形になりましたが、これが日米間のアキレス腱であった。この問題が解決されたということが一つ。

それからもう一つは昨年の9月ごろの時点におきましては、なんと言っても、円とドルの問題、これがモヤモヤしておる。ところが12月に至りまして、通貨調整が世界的な規模において行われるということになった。これが第二点。

＊Ⅲ-8　佐藤政権は自主規制の成り行きを見守りたかったが、ニクソン政権の姿勢は厳しく、1971年7月に就任した田中角栄通産相のもとで、米国が望む内容の輸出規制の協定締結の見返りに、巨額資金を国内繊維業界の過剰織機の買い上げに充てることで、10月に交渉妥結、72年1月3日に日米繊維協定調印。

第三点は、昨年10月の国連におきまして、わが日本がアメリカと共同いたしまして、いわゆる中国問題決議案なるものを提出し、その共同しての行動というものが高く、アメリカの政界筋によって評価され、また感謝をされているのであります。これが響いている。

それからもう一つは、ニクソン大統領が昨年の7月15日に発表したあの訪中、北京訪問、これが日本の政界に非常な衝撃を与えた。それから続いた一連の経済措置も、特に日本に大きな影響を与えた。これに対する反省が出てきておると、こういうふうに見て取ったのであります。

日米間における問題は、このサンクレメンテ会談でしっかり片付きました。細かな、オレンジのジュースをどうするとか、そういう問題は今、［牛場信彦］駐米大使とエバリー補佐官との間で話し合い中でありますが、これも数日中に結論が出ることになり、去年のようなギスギスした日米関係というものは全部清算され、日本はアメリカの関係につきましては何ら心配なく、その他の問題に取り組むことができると、こういう状態でございます。

それで今、昨年を回顧してみますと、激動と言っていいでしょうか、波瀾重畳の1971年であったと見るのであります。つまり、7月15日には、思いがけないニクソン大統領

1971年12月18日、ワシントンのスミソニアン博物館で開かれた10カ国蔵相会議。左手前から3人目は日本代表の佐々木直日銀総裁、同4人目は水田三喜男蔵相。1ドル308円の対ドルレートに決定した。
写真＝時事

の北京訪問が発表される。あるいは8月15日になりますと、あの長大を戦後26年間誇ってきたドルが、金本位、金との兌換《だかん》を停止するというような措置が取られ、またこれと並行して、アメリカの輸入に対し10%の課徴金を課するというようなことまで、あえて実施されるというような事態になりました。

10月になりますと、これも大きな世界的な出来事でございますけれども、中華人民共和国が国連に迎え入れられることが決定される。12月になりますと、ドル、円、あるいはマルク等を中心に新平価が設定されることになり、また、ヨーロッパにおきましては、戦後ずいぶん難しい問題であった、ヨーロッパにおける弾薬庫の一つであったとも言われるベルリン問題（＊Ⅲ-9）が解決をされるというようなことになるんです。

アジアにおきましては、不幸にもインド・パキスタンというような事態がある。一方においてベトナム戦争は漸次戦争状態は緩和されるような方向に向かいまして、一時54万人の兵力を駐屯させましたアメリカが最近は14万の兵力まで減らす、さらにこれを減らそうというようなことをしておる。

またさらにヨーロッパにおきましては、イギリスはじめ4カ国がEC（＊Ⅲ-10）に加入する、そしてECは今日まで長い時間をかけながら、ヨーロッパ統合への動きを示してきたわけでありますけれども、イギリスはじめ4カ国を加えたECは経済的にも、あるいは政治的にも、強大な力となって、世界を動かす一つの軸になりつつあります。

そういう激動の世界情勢、昨年の下半年であります。そういうことを通じまして、私は三つのことは言えるんじゃないかと思う。

一つはです。戦後26年間にわたり、世界情勢というものは、何と言っても、米ソ対立、東西対立の情勢であったとつかんでいいんじゃないか。つまり冷戦体制であります。その冷戦体制に対して中国の国連参加というものがある。ECの台頭というものもあります。

それから強大な経済国家としてわが日本の役割というものもある。つまり、世界情勢というものが、冷戦構造から多極化しつつあると。その芽生えというものが、昨年下半期に強く押し出されてきておることを感じるのであります。

それからもう一つ。そういう激動し、多極化する世界情勢の中で、一筋のものがあるわけです。それは何かというと、世界中の政治家が、そういう多極化、激動の世界情勢の中からなんとかして緊張の緩和という目標を到達したいと熱情を持ち出してきておるということであります。

それから第三に私が看取しておりますのは、そういう事態において、戦後26年間、この世界を動かした秩序というものがですね、これはだんだんと変わっていくんじゃないか。時代の要請に即しました新しい秩序ができてくるのではあるまいか、ということでありま す。

＊III-9　1971年12月、東西ドイツ間および西ベルリン・東ドイツ間のベルリン細目協定に調印が行われる。

＊III-10　欧州共同体、EU（欧州連合）の前身。1952年にフランス、西ドイツ、イタリア、ベルギー、オランダ、ルクセンブルクの6カ国が欧州石炭鉄鋼共同体（ECSC）を設立したのが始まり。67年7月にECSCなど同6カ国が加盟する3共同体の主要機関が統合して、ECが発足。本講演時にはイギリスの他、デンマーク、アイルランド、ノルウェーの加盟が予定されていた（ノルウェーは国民投票で否決され加盟せず、3カ国は73年に加盟）。

あるいはこの通貨の問題に見られるように、一応ドルと円、マルク、ポンド、フランの間に、安定はできましたけれども、これは一応の安定である。ヨーロッパあるいはアメリカや、日本の国もそうでありますが、これは一応のものであって、新しい秩序を探さなきゃならん。

こういうふうに考えだしておるのであります。ですから一応の措置であるこの通貨調整、これと並行して、新しいこの世界の経済の体制、通貨の体制を探し求める動きというものが今、活発に始まりつつあるわけであります。

そういうことを考えますときに、これから新しい政治経済の秩序建設というものが模索されるのではあるまいか。そういうふうに思うのであります。そういう際に、わが日本がどういう態度を取るかということが問題でありますが、私は常々言ってるんです。わが日本は世界において非常に特異体質の国である。つまりわが日本は経済力が非常に大きい。先ほど申し上げましたが、しかしながら、軍事大国にはならん。軍事体力を抑制するところの憲法が、また、最初の被爆国となりました日本人の国民感情というものが、軍事大国になることを抑止しておるというふうに思うんでありますが、そういう国柄の日本であります。

それから同時にもう一つは、資源を国内に持たない。経済第一等国でありますアメリカ、第二等国でありますソビエトロシア、これはですね、大方、その必要とする資源も国内で調達しうる立場にあります。ところがわが日本になりますと、重要なる資源はほとんど全部を海外の供給にまたなければならないということ。しかもわが日本が今日、世界で共産圏を入れても第三というような経済力を蓄える、そういう高さになってきておる。

戦後の五等国というような時代であればいざ知らず、今日のようなそういう高い経済力を蓄積した立場で、わが日本がこれからどういうふうに繁栄、発展していくかを考えますと、これはわが日本だけのことを考えたのでは、わが日本の繁栄も発展もありません。世界中が平和であって、初めてわが日本への資源の補給も確保されるわけであります。世界中が平和でなければ、わが日本に平和はない。また、世界中が富み栄えなければ、わが日本に繁栄はないと、そういうふうに思うんです。

わが日本はもう、狭い今までの島国根性、わが日本の国益だけを守ればそれがいいんだというような考えではいかん。やっぱり世界の平和、世界の発展というものが、すなわち、わが国の国益であるというような幅広い考え方を持たなきゃならない。

私は過ぎる臨時国会の外交演説でも言ったんです。マイホームイズムというような考え方の外交政策ではいかん、日本だけが善かれかしというような考え方ではいかない。アワーホームイズム。つまり、世界の平和と世界の繁栄とともにわが日本の繁栄発展というものがあるんだと。世界の中の日本国という意識に徹して、わが日本国民が、また日本外交がたくましく展開されるべき時であるというふうなことを申し上げたわけでございます。まさに私は、いよいよその感を深くするわけであります。

年が明けまして今年になりましてからも早々、フランスのシューマン外務大臣がやってくる。あるいは2、3日前までは、スペインの外務大臣が王位継承者共々、日本を訪問をする。今日から日ソ定期協議、グロムイコ大臣との間で、今朝ほどから領土問題を巡って論議を交わしてきておるわけであります。

日本も非常に外交的に多事な国になる。もう世界の中の日本国とあえて申し上げても差し支えないような国であります。今申し上げましたが、これから、東西融和の風潮が出てくるんだろう。私は非常に結構だと思います。しかしながら、わが日本はですね、どうしても自由を守る、平和に徹すると、佐藤総理の言葉じゃございませんけれども、そういう国柄の立場にあるわけであります。

そういう立場を踏まえますと、アメリカとヨーロッパのEC、わが日本、これは自由主義社会を支えるところの3本の柱であり、この3本の柱の中の一つとして、私は世界的任務を果たしていかなければならないのであると、こういうふうに考える次第でございます。

これからもなかなか多事の日本外交でございますけれども、ひとたびその舵を誤りますと大変なことになりそうな激動の世界情勢が続きそうである。

私も自らを戒めまして、深く広く世界情勢というものを洞察し、本当の国益というものはどこにあるかということを、本当に踏まえまして、誤りなきを期していきたいと、こういうふうに考えておる次第でございます。全力を挙げて努力いたしますので、何卒ご支援ご鞭撻くださらんことをお願いを申し上げます。

IV

1973年1月25日

内閣官房長官

二階堂 進

Susumu Nikaido

写真＝時事

人物紹介

二階堂 進（にかいどう・すすむ）

1909年鹿児島県生まれ。米国留学を経て、46年衆議院議員に初当選。日本協同党（国民協同党）、民主自由党（自由党）から自由民主党。佐藤内閣で科学技術庁長官・北海道開発庁長官（66年12月～67年11月）、田中（角）内閣で内閣官房長官（72年7月～74年11月）を務める。田中角栄首相の側近中の側近として活躍し、日中国交正常化交渉にも尽力。

本講演後はロッキード事件により一時失脚したが復権し、自由民主党総務会長、幹事長、副総裁を歴任。96年政界引退、2000年逝去。

本講演について

1972年7月の発足以来、田中（角）内閣で内閣官房長官を務める二階堂氏が、73年1月25日に田中首相の政策や国内外の情勢について講演したものである。田中首相は、7年8カ月と長期にわたった佐藤政権の後を継ぎ、54歳で就任。72年11月衆議院解散、12月総選挙、12月22日より第2次田中（角）内閣がスタートしていた。

外交上は、首相就任から間もなくの72年9月日中共同声明を発表し、日中国交正常化を果たす。この訪中に田中首相、大平外務大臣と共に二階堂氏が同行して交渉に臨んだ。

内政では、高騰する物価対策が求められ、73年度予算案の審議が控えていた。また、72年10月参議院決算委員会に提出した資料で自衛権に関する憲法解釈を示し（72年政府見解）、専守防衛について田中首相は同月衆議院本会議で答弁するなど、田中内閣の防衛に対する姿勢も注目されていた。

1973年1月25日講演

田中（＊Ⅳ−1）内閣発足以来、皆様方、かねがね大変いろんな意味でご鞭撻を賜り、ご助勢を賜っております。昨年の7月、田中内閣の発足を見ました。私は長い間田中さんと一緒におり、幹事長のもとに副幹事長、あるいは党の政調の副会長をいたしてまいり、影のごとく田中現総理とは付き添ってきたものであります。

この70年代の問題を考えてみると言うと、内外に誠に多難な、複雑な問題を抱えておることはご承知の通りでありまして、私も党におりますときから、こういう内外の大きな問題に対処して、しかも責任政党として唯一責任を持って政治をやっていく政党、この自民党というものを一体これからどう考えなきゃならんのかということを、日夜私は考えてまいりました。

政治の流れを変えようということのスローガン。私は大平先生、中曽根先生、三木先生等と一緒になりまして、そしてこの四者会談なるものを持ちまして、自民党の流れを変えようと、いろいろ話をしてまいりまして、それが田中総裁実現に結びついたということでもあります。

しかし、ただこの四者だけでできたというものでもありません。多くの国民の皆様方の支持、また党員各位のご支援を得て、田中内閣、田中総裁ができた。

一つの政権が、長い間政局を担当してまいりますと、国民からいろんな批判が出てくる。流れを変えようという考え方は、これはもう当然のことだと思っております。本来ならば政権の交代というものがスムーズに行われるような状態が日本の政党間にあってもよろしい。しかし遺憾ながら、外交の問題、治安の問題、文教の問題等々、真正面から対立してなかなか歩み寄ることができない。

しかも、当時社会党の状態を考えてみましても政局を単独で政権運営できる状態にない。ここは相当長い間、自民党が政権を担当していかなきゃならない。それには、自民党自体の、やはり政策の転換、体質の改善、こういうことを真剣に考えていかなきゃならないということで、端的に申しますと、政治も従来の官僚型、役所任せ、こういう政治では駄目だと。

＊Ⅳ-1　田中角栄（たなか・かくえい）／1918〜1993。郵政大臣、大蔵大臣、通商産業大臣を経て、第64・65代総理大臣（在職72年7月〜74年12月）。

どうしてもここらあたりで野人の、しかも何やるか分からんと言われるぐらいに思われておったような人を、この70年代には一つ、政治の指導者に据えて、そして思い切って改革すべきものは改革していくんだと。それには若さも必要であるし、決断力も必要である。勇気も必要である。ということで、政治はそういう方《かた》に一つ変えていこうと。

政策も今こそ、生産第一主義から人間生活環境主義への転換ということが強く、大きく表面に出て、また、自民党の今年の予算などを見ましても、明らかにそういう転換が図られておりますが、もっと生命を大事にする。ヒューマニズムの精神に立脚した政治に切り替えていく時代が来ているということで、私は私なりにそういう考え方で政局に対処する。

そういうことを田中さんと一緒に話をして、本当に立候補されるか、されないかということについては、一昨年の元旦の日に私が参りまして、やりましょう、やりますかと再三念を押して、そして各位のご協力を得る体制をつくり始めたのであります。

それからおかげで田中総裁ができ、田中内閣ができました。その時の政治の大きな一つのスローガンが、「決断と実行」。これは、政治の一つの理念、方向として、田中の政治は決断と実行、こういうことでありました。

それはやはり国民の現状に対するいろんな不平不満というものが鬱積《うっせき》してきている。なるほど豊かな生活環境ができた。国は豊かになったが、個々の日本人が貧乏である。そして生活を巡る環境の問題、公害の問題、物価の問題等々が起こってきている。そういうものを、やはり解決していく。

そのためにも、今申し上げたように、やはり大転換をしていく。その勇気を出してもらうということで、田中政治というものはそういうものに応えるために、待つ政治を変えていこうと、田中、決断と実行を評言にして、政治に取り組むことになったわけであります。

それは、それなりに国民の各界各層の方々から拍手を受けた。田中ならやってくれるだろう。国民が田中さん、今の総理に対して非常に期待をしておった。関心を持ってきておったと、私はその時に多くの電報や電話、手紙をいただき、そういうことからもよく分かりました。そして自由民主党だけが選んだ総裁じゃない、国民が選んだ総裁なんだというような気持ちすら表明をされる方々もあります。

だからこの田中政権ができて、今度は、やらなければならない。これに応えなければならないということで、まず取り組んだのが日中国交の正常化の問題でありました。当時田

日中国交正常化をめぐり周恩来中国首相（左）と会談する田中角栄首相（中央）。右は大平正芳外相。
写真＝時事

中総理も申されましたが、日中国交正常化の機は熟していると。その熟すまでの過程においては、自民党の先輩の方々の多年にわたる努力もあったし、また野党の方々、社会党、公明党、民社党、それぞれの方々も訪中されて周恩来首相（＊Ⅳ-2）と会談をされて、そういう機運というものをつくっていただいた。そういう過程の上に立って今度は総理が決断をされて、そして訪中をされたわけであります。

その当時もご承知の通り台湾を巡るいろんな問題がありました。党内におきましてもいろんな問題がありました。しかしそういうものを慎重に配慮して、聞くべき意見は聞き、その上で周恩来首相と会って、言うべきことをざっくばらんに堂々と述べられた。

私も幸いにして日中国交正常化の首脳会議に同席をさせていただきまして話を承りましたが、［9月］25日、最初の日から、着いたのが12時で2時半から会談が始まりましたが、びっくりするほど隔意のない、ざっくばらんな意見の交換がありました。外交交渉というものはこんなもんかと。日程を決めて、そして議題を決めて話をするのが、こういう時の話し合いのしきたりじゃないかと思っておりましたが、田中総理は、一番大きな問題は台湾の問題でございます、安保条約の問題であります、こういうようなことから話が始まりまして、そしてそれを受けて周総理もざっくばらんに話をされたと。

私もこの会談を必ず成功させる決意でまいりました。そういうざっくばらんな話でしたから、私はその日の北京の記者会見で、驚くべき率直な意見の交換があったと申し上げました。

かえってそういうことが私は非常に良かったんだと思います。そしてトントン拍子に話がまとまって、その間を大平外務大臣が非常に苦労されて、あの共同声明の文句を作り上

＊Ⅳ-2　周恩来（しゅう・おんらい）／1898～1976。中華人民共和国成立の1949年から76年まで首相を務める。17～19年日本に留学。

げた。非常な努力でございます。日中国交正常化、これが出来上がって帰ってきて、国民もよかった。

いろんな批判がありましたが、それ以来、元の中華民国、台湾との間も、人的交流、物の交流、貿易、いろんなことに支障のないような形で、何一つごたごたが起こっていないような状態で今日、いろんなことから文句が出やしないか、まずいことが起こりはしないかと思った懸念がないような状態に落ち着いてまいっておりますことは、私としても非常に喜ばしいことであります。

そのことは北京においても十分話し合った。その結果のことであります。それはそれとして一つの大きな成果を収めて、国民の大きな期待に対し、よくやったという、好評を受けたと私は思っております。

その後、臨時国会が開かれ、今日に至ったわけであります。こういうわずか誕生以来7カ月その間において、私は毎日、新聞や週刊誌を読んだり、国民の方々、いろんな方々の意見を聞いたりしておりますと、中には何もやらんじゃないかな、何をやってるんだと。期待外れだというような声すら、聞かれるような今日の状態であります。私はそれは、総選挙（*Ⅳ-3）を通じて、自民党に対する、田中内閣に対する大きな反応と申しますか、検証というものがだんだんされてきたと。

この衆議院の選挙を戦うにつきまして、一つは日本列島の改造（＊Ⅳ-4）という大きな命題をテーマにして戦います。もう一つは、日中国交正常化の後を受けて、安保条約は堅持する。自衛力は、四次防（＊Ⅳ-5）を決定する。こういうことを出したわけであります。

日本列島改造という問題は、１００年の大計を成す大きな課題であることは申し上げるまでもありません。一朝一夕にして出来上がる問題ではありません。そのためには相当な各界各層の意見も聞く必要があるし、国民のある程度のコンセンサスを得る必要がある。

そして、広範にわたるこの仕事を進めていくためには、制度上も法律も金融財政のあり方も、本当ならば、根こそぎに変わるべき問題を抱えています。税制においてもその通り

＊Ⅳ-3　１９７２年12月10日に行われた第33回衆議院議員総選挙。結果（議席数、カッコ内は解散時）は、自民党２７１（２９７）、社会党１１８（87）、共産党38（14）、公明党29（47）、民社党19（29）、諸派２（０）、無所属14（３）だった。

＊Ⅳ-4　自民党総裁選前の１９７２年６月に「日本列島改造論」を発表・出版。高度成長期も終わりに近づく中、農漁村の過疎と都市の過密が大きな政治課題となっており、国土の均衡ある発展を掲げた。同年12月の衆議院議員総選挙でも争点となった。

＊Ⅳ-5　第４次防衛力整備計画（５か年計画）。第３次防衛力整備計画（１９６７〜71年度）を継ぐものとして、大綱は72年２月に閣議決定（72〜76年度）、主要項目は同10月に閣議決定。

1972年8月7日、日本列島改造問題懇談会の初会合（首相官邸）で挨拶する田中角栄首相（中央）。
写真＝時事

であります。この日本列島の改造の問題を巡って、生活を巡る問題と関連して、公害の問題、地価の問題（＊Ⅳ-6）、こういう問題がまた一斉に結びつけられた形で、議論の対象になり、選挙の時に、野党の方々から大変な攻撃を受けた。

この結果がある程度選挙に出てきたのではないかとすら思っております。この日本列島改造、これは今年の予算の中にもこれからどう進めていくのか、その手段、そういうものを明らかに示しております。

国土総合開発庁をつくる、開発事業団をつくる。これを進めていく前提は土地問題である、地価の問題である。その前提を整えずして、こういう大きな問題をテーマにしたことに間違いがあるんだという極めて手厳しい批判も承りました。

　また総理は、日本列島改造問題懇談会をおつくりになりました。そして、各界各層の意見を承ることにいたしました。次から次にたくさんの有力な方々の申し入れもありました。私はいまだかつてないほどたくさんの方々から、俺が入らなくて何で日本列島改造ができるか、入れろなどと言って自信たっぷりに意見を持って、ぜひ参加していただきたいとお願いしたこともあります。１００名に近い方々であります。

　もっともっと加えるならば、１５０名になったかも分かりません。１００名に近いこの日本列島改造懇談会の各位から貴重な意見を承り、貴重な主張を承って、それを一つの基礎として、コンセンサスとして、今日国会に提案しているような、具体的な法律制度の改正等も出してきておるわけであります。

　もう一つは安保の問題、四次防の問題。衆議院の選挙を前にして、何で安保を堅持するとか、四次防を策定しなければならないのかというような極めて厳しい意見もありました。

＊Ⅳ-6　ドル・ショック対策としての大幅な金融緩和や、日本列島改造構想の影響などにより、地価が高騰した。

1972年8月31日、訪中を前にハワイ・オアフ島のクイリマ・ホテルでニクソン米大統領(右)と会談する田中角栄首相。後日、ロッキード事件のトライスター購入の話があったことが判明。
写真＝時事

ハワイ会談（＊Ⅳ-7）が、日中会談の前に行われました。ニクソン・田中・大平会談。この時にも、日本がどういう態度でこの日中国交正常化に臨むのかという説明をいたしております。また周恩来・ニクソン会談の結果についても、ニクソン大統領からいろんな話があった。それを受けて、田中総理も大平外務大臣も訪中されておるわけであります。

その時に日本とアメリカとは、いろんな問題があっても、歴史的につながりを持ってきておる安保条約、軍事的同盟ではない。長い間の歴史的な結び合いとして安保条約というものが日本とアメリカとの間に結ばれてきている。これは一つの日米間の友好親善を深めるためのシンボルである。こういうシンボル的、日米安保条約というものは堅持する。こういうことで、日米安保条約を堅持するということを明確にいたしたわけであります。

日中国交正常化が成って、帰ってまいりますと、まもなく臨時国会。アジアの緊張感は日に日に雪解け、平和の状態になってきているときに、なぜ安保条約を堅持すると田中内閣は言わなきゃならないのか。国民感情としてもそれは許せない、というような極端な議論が、国会の中でもあったことはご承知の通りであります。

そういう方々の意見は、歴史的に見てみてもです。安保条約は破棄しろ――こういう意見の上に立った議論。全く私どもの、今日まで取ってきた安保条約に対する考え方と相反する立場において議論をされる。そういう方々もあったことはご承知の通りであります。また、一般の国民感情として、日本と中国とが仲良くなる、アメリカと中国とも話をする、あるいはアメリカともソ連とも話をする。そういう中にあって、一体何で、軍事同盟的な性格を持っている安保条約を必要とするのかというような、極めて素朴な国民感情か

＊Ⅳ-7　1972年8-9月のハワイでの日米首脳会談。田中首相・ニクソン大統領の他、日本から大平外相、米国からロジャーズ国務長官、キッシンジャー大統領補佐官等が参加した。

ら出てくる反対論もあったことは、よく分かるのであります。

しかし、日本と中国とは正常化を実現した。国民の悲願であった。それが成り立った。しかし、その日中国交正常化が６日間の会談において出来上がったその理念には、こういうことを言うことは適当じゃないかも分かりませんが、日本政府は周総理との間に、日米安保条約は必要であるという容認、そういう基本的話し合いがなければ、日中国交正常化などというものはできていないはずであります。

安保条約は、中国を敵視するもんだ、戦争のためにあるもんだ、などというような、そういう意見が中国側においてあるとするならば、日本と中国との正常化は、安保条約を破棄しなさいという前提に立って、この結論が出たはずでありますが、安保条約の問題については何ら触れることなく、日中国交正常化が実現できたという、こういうアジアにおける一つの平和の維持体制として、安保条約というものは定着しつつある。

また、日本とアメリカの間においても先ほど申し上げた通り、歴史的傾向を見れば、必要なものである。しかも、日米間のシンボルとして堅持していかなければならない。こういうことでありまして、臨時国会の演説の中にも、安保条約は堅持するということを明確にいたしたのであります。選挙を前にして何だという人もいました。しかし政府としては、明確にすべきものを明確にして、国民に批判を求めるという態度を明らかにした。もう一つは基地の問題であります。と同時に自衛隊の問題であります。四次防を決めました。何のために一体この四次防というものが必要か。平和な、こういう時代に、三次防、四次防。四次防の内容を洗ってみるといういろいろ議論がありますが、5年間の人件費増を含めまして5兆1000億と言われている四次防。この四次防の中身の76％が人件費であり、庁舎の建て替えであり、あるいは自動車その他食糧費、そういうものが占めております。

残りの約20％が、装備の改善とか改良に使える費用であります。本当に中身を洗ってみると、実態を認めると、さほど驚くべき内容を持ったものではないと私どもは考えておりますが、しかし、また反対の立場を取っている方々からは、厳しい批判があることもご承知の通りであります。

この四次防というものをなぜ決めなきゃならなかったのか。これは三次防、それでいいじゃないかと。日中国交正常化というものが成り立った。そしたら、世はいっぺんに平和が至る所に来たんだということで、先ほど申し上げましたごとく安保条約は必要がない、破棄しなさい、同時に自衛力も必要でない、という考え方が国民の間にそれとなく定着してしまうということは、取り返しのつかないことになると、私どもは考えます。

なるほど政治経済の外交の場において平和、緊張緩和、当然やるべき問題であり進めなきゃならんことでありますが、政府の立場、自民党の立場においては、安保条約も必要である。また、自衛力というものも必要である。独立国家として、自分の国を守るだけの自衛力というものは当然持つべきである。こういうことで明確にこの臨時国会の際にも言った（*Ⅳ-8）。それが大きな論争を呼んだ、選挙を通じてたたかれた問題の一つでもありました。

その他に、生活を巡る周辺の公害の問題、物価の問題、いろんな問題がありました。この総選挙を通じて、その結果はまたご承知のような、国会の分野というものが違った形になってきた。共産党が14名から38名に進出した。社会党が失地回復して30名近く増えたということであります。

私は、先ほど申し上げたようなことが全てこの選挙の結果に表れてきた全部のものであるとは申しませんが、それも踏まえて総選挙後の今日の国会の勢力分野を通じて、これから私どもが考えなければならない問題課題にどう応えていくかが、私はこれからの田中内閣の大きな使命ではなかろうかと思います。

期待を求めた田中さんがやってくれないじゃないかという失望感。そうじゃないのでありまして、成立後7カ月、48年度［1973年度］の予算、中身を見ていただければ、これからやらなければならないという課題に取り組む田中内閣の積極的な姿勢というものは明らかになってきていると私は確信をいたします。

今度、総理が27日には、国会において施政方針演説をされますが、この施政方針演説も、従来のパターンと違って、各省が持ち寄ったいろんな案文を羅列して、それを平面的に作文を読むような格好で読みたくない。読んでもらいたくない。こういうのが、田中総理の考え方でありますし、私もそう考えております。

国民が今何を考え、何を田中に求めているのか。こういうことに率直に具体的に答える内容を持った総理の演説にしたい。何を求めているのか、48年度の予算編成に非常に苦労いたしました。そのことが、具体的に今度の施政方針演説に出てくる。

この大きな問題は時間もありませんが、今の国内の経済、この問題とどう対処するか。国際収支、一つは国際収支の黒字、不均衡を実際にどう解決していくか。ご承知の通り、

＊Ⅳ-8　1972年10月臨時国会の衆議院本会議で、専守防衛について、「防衛上の必要からも相手の基地を攻撃することなく、もっぱらわが国土およびその周辺において防衛を行うこと」と田中首相が答弁した。

日米間の貿易のアンバランス、深刻な問題として、わが国内において解決を迫られてきている問題であります。臨時国会におきまして、大型の補正予算を組んだのも、この貿易の不均衡是正対策が主たる目的でありました。

政府は、こういう不均衡の是正に対する対策を次から次に出し、あるいは円の切り上げを行ったり、自由化を促進したり、関税を引き下げたり、いろんなことをやってきておりますが、実際問題として、なかなか黒字の幅が減ってまいらない。

外圧もある。ただ、ニクソン大統領も日本の田中内閣が、昨年来やってる策について誠意は十分認めている。よく分かります。がしかし、実際問題として、貿易のアンバランスが是正されていないところに問題がある。もっと自由化を進めなさい、今、自由化がなされていない33品目の中で農産物が24品目ありますが、そういうものについても手を付けなさい。こういう国内においても取らなければならない厳しい要請がある。

切り上げをやった方がいいんじゃないかという議論もあります。やってもやらなくても今はもう280円台で実際は貿易も行われてるんじゃないかという議論もある。この議論に一部、臨時国会には答えましたが、この来たるべき国会においても議論が行われ、これに答えざるを得ない。

もっと思い切った輸出の抑制、今考えられている法律以上に輸出をもっと縮めるという思い切った措置も取らざるを得ない事態になるかも分かりません。自由化も進めなければならない。国内において措置すべき手当は、万全の措置を取りながらも、いろいろ問題がありますす自由化の処置も進めていかなければならない時代が来るかとも思われます。

しかし、何としても円の再切り上げだけは総理も避けたい。国内においてやるだけのことをやり、そしてその効果を守っていかなければならない。今、円の再切り上げをやるというと、中小企業、零細企業が受ける打撃、深刻なものがあり、立っていけない、その基盤までもです。輸出を相当な部門、請け負っている中小企業、零細企業が壊滅的な打撃を受けることは避けなければならない。この貿易の問題についても、深刻な勧告とか、いろんな意見が、私どもの手元に参りますが、今はそういう心境であります。国際収支の均衡をどうするかということ。

もう一つは、物価の問題であります。これは、毎年国会において議論になる問題でございます。しかし、これといって物価を安くするという決め手がなかなかない。総合的な施策を進めてまいります。今度は物価局（＊Ⅳ-9）をつくりました。物価局をつくったからといって明日から物価が下がるという簡単なものではないことはご承知の通りであります。

しかし、この物価問題につきましても今度は、一面においては輸入、そういうものを増やし関税を引き下げたり、あるいは金融財政の面からして、物価を下げるという思い切った措置をいたさなければなりません。

地価の問題がその最たるものであります。この地価の問題がですね、物価問題の一番頂点に置かされ、これが列島改造の問題と結びつけられていた。今度は、列島問題懇談会の皆さん方からもですね、この地価の問題、土地の問題については思い切った手を打ちなさい。それこそ「決断と実行」をやりなさいという強い意見もありました。

そういうようなたくさんの意見をいろいろ取り入れて検討されました。総理自らも、非常によく勉強し非常に深く掘り下げて、私どもから見ると専門家以上の専門家と思われるほど細かい意見も出されており、あまり政治家は細かいことにくちばしを過ぎてもどうかと思われるようなところもありますけれども、とにもかくにも、この地価の問題については、今後出されます。新聞に載っておりました法律、税制その他の制度の改正等見られましても、私は相当思い切ったもんだと思っております。

卸売物価が相当上がってきている、木材、鉄鋼、繊維、消費者物価はやや日本は欧州諸国に比べて、安定してきております。欧米諸国は7％、8％の消費者物価の値上がりでインフレ気味で困っておりますが、日本は消費者物価は、大体5％程度に収まってきております。

昨年の1月から7－8月までは4・5％程度であったものが、10月、11月になりますと、5・3％、5・2％、5・1％となっております。しかし、このまま推移するものと私は考えておりません。経済成長10・7％、消費者物価のめど5・3％に置いておりますが、私はこの大型の予算と言われる、その方だけでもって、インフレをすぐに助長するかどうかという議論にはつながらないと思っております。

47年度の予算と48年度の予算を比べてみて、一般会計の中で占める増加率というものは3000億程度であります。3000億増えたからってすぐそれが去年からして、大幅の物価騰貴になるとは考えておりません。しかし、物価が上がるという傾向があること事実であります。それをどうしても抑えていかなければならない。物価抑制のために予算に組んだ金が2兆を超えております。こういうような物価の問題が極めて大きな問題でありま

＊Ⅳ－9　物価の安定を図るため、本講演後の1973年7月に経済企画庁に物価局が設置された。

すから、今度は物価の問題につきましても、ありとあらゆる具体的な施策を進めてまいりたいと。

特に土地の問題につきましては、憲法すれすれ、私権の制限、そこまで議論されるようになって、限度までの処置を今度は取って、この物価の問題、国際収支の問題、こういう問題など、公害、その他は時間がありませんから申し上げるわけにはまいりませんが、とにかく国民が今切実に要求したような大きな問題につきましては、具体的に今度は、方針を示し、具体的な解決案を示し、説明を国民の前にして、理解を求めていきたいと考えておるのであります。

もう一つは先ほど申し上げましたように、ベトナムに平和が来た(＊Ⅳ-10)。このポストベトナムに対してどう対処するかということも、外交上大きな問題であります。これに対しましてもまだまだ平和が来たという声を聞くだけで、具体的にベトナムに本当の平和が到来するには相当な期間が必要だろうと思っております。

しかしいずれにしても、こういう状態が収束したということは、世界の平和のためにも、日本の平和のためにも喜ばしいことであります。今後、大きな日本経済、そういうものの力をば、環境の復興の整備のために活用して、日本が指導的立場に立って、復興のための国際会議を招集するとか、あるいは復興のための基金制度を提唱するというようなこともあろうかと思うのであります。当然、国際的義務として日本に課せられた責任だと私は思っております。ソ連との問題もありますし、中国大使の高官も、日本の大使の高官も、誰が大使になるかということも、ごく近いうちに私は決められるのではないかと思っております。そして、事務的に日中国交正常化が具体的に進められていかなければなりません。

東南アジア諸国に［おいては］、日本に対する理解も足らない。経済大国になったということで非常に危機感を持ってる人も、四次防すら軍事大国になるんじゃないかという声すら東南アジアの人に聞かれている。私はこういう機会でありますから、時期を見て田中総理が外国を歴訪されるならば、東南アジア諸国の、まず1カ国、2カ国に足を踏み入れられて、そして日本の真意をご説明し理解を求められることが必要ではなかろうかという気さえするのであります。

ＥＣ諸国においてもその通りであります。先般英国の首相がおいでになりました

＊Ⅳ-10　本講演直後の1973年1月27日、ベトナム（パリ）和平協定が成立する。協定に基づき米軍はベトナムから撤退したが、75年3月に北ベトナム軍は南ベトナムを総攻撃し、同4月に首都サイゴンが陥落した。

（＊Ⅳ−11）。ぜひ来てくれというお願いもありましたが。とにかくまだ外交的には、日本の力に対して誤解もあり、理解不足もありますから、積極的に総理が出かけられて、そして日本の考え方、協力すべき問題につきましては、ざっくばらんに話をされるということが必要ではなかろうかと思っておるのであります。

私は時間もありませんが、国会を間近に控えて、いろんなことを今日考えておりますが、何と申しましても国際収支の問題をどうするのか、インフレをどうして抑えるのか、そして国民福祉の社会建設をどう進めていくかという大きな命題を、政府は政治の課題として控えております。この三つどもえの大きな問題をミックスしながら解決していかなければ、日本の経済、立っていかないということになる。国民の期待に応えることができないという状態にある。非常に難しい状態に、今日日本が置かれていることは当然であります。それだけに、問題もいろんな角度から議論をされ検討されていく必要があると私は思います。

国会審議というものを一つ考えてみてもです。いろいろ各党間において、もっと掘り下げた議論が交わされるべき場所が国会においてあってしかるべきだと思います。今国会の審議は皆さんご承知の通り、野党各党から、政府のやってることはけしからん、あれも足らんこれも足らんという批判と議論ばかりであります。

政府を追及する。政府は権力者だ。権力は悪の根源だ。というような考え方に立った人も中にはいて、そして一方的に政府を攻撃、批判をするということだけが国会の審議のルールになっておる。元々はそうじゃないはずであります。

私はこういう形が果たしていいのかどうかと。国会の場が国民の理解を求める唯一の大きな議論の場であるとするならば、自由民主党も共産党や社会党に対して質問をする場というものを堂々と設けて議論をすべきだと思っております。

安保条約が必要でない、四次防が必要でない。こう考えておる政党、社会党、公明党、民社党、それぞれ党の政策を持っております。社会党や公明党や民社党、共産党は一体、我々が必要であると考える、安保条約、防衛という問題に対して、基本的にどう考えてるのか。

自衛隊が要らないというのか。安保条約はすぐ破棄しろというのか。そうなった場合にはどうなるのかという。共産党の諸君も明るい農村をつくりましょうとスローガンを掲げ

＊Ⅳ-11　ヒース首相（在職1970年6月～74年3月）の訪日（72年9月16日～19日）。現職英国首相による史上初の訪日であり、田中首相および大平外相と会談した。

て選挙を戦っている。明るい農村をつくりましょう。自民党も豊かな農村をつくると言う。社会党も豊かな農村をつくりましょうと言う。その明るい農村、豊かな農村をつくるといった政策はどうすることですかという質問の場がない。

国民の理解を取る場がない。田中総理に対して、共産党は明るい農村をつくると言っておりますが、田中総理どういうことですかという質問ができるはずがありません。みんな一方的なんですよ。私はもうこの国会というものが、国民に対して、各党が考えている政策、自民党政府がやる政策というものを近く理解していただくためには、単に野党の方々が立って政府を相手にして汲々《きゅうきゅう》言わして、そして、理詰めで議論をするということだけでは足らないと。今度は自民党も、共産党や社会党や公明党に対して、土地が高いと言うならどうすればいいんですか、税金はどうするんですか。田中総理が土地の値上げをやった、そうじゃない。あり余るドルが現にだぶついてきて、超金融の緩慢という状態が投機の対象とされて土地や株が投機の対象とされて、これが大きな値上がりになってきている大きな要因であります。

共産党の言う明るい農村というのは豊かな農村をつくろうというなら土地はただで譲るというのか、米はいくらでも高く買ってやるというのか。そういう議論がちょっと物足らないままに、政府のやっていることだけが悪い。この難しい政治経済の課題を解決しようと真剣になっている私どもの立場から言うと、もっと掘り下げて、それじゃ共産党はどうしようとしてるのか、社会党はどうしようとしてるのか、こういう議論を掘り下げてやって、そして広く国民にそれを聞いてもらって、読んでもらって、理解を深めるような国会運営が今日なければならん。

私は官房長官の席におって毎日のごとく抗議や、いろんな文句を聞いておりますが、その都度、共産党や社会党の方に申し上げるのは、早く天下を取ってここに座ってみなさい。そうすれば俺が毎日来て同じことを言ってる［でしょう］。それは全く一方的なんですよ。国会法、国会の運営のあり方を変えてもらわなければ、今日の抱えている課題をどう解決するかについて、深い理解を国民に求めることはできない。

選挙の時だけしか、ああだこうだと一方的な議論を国民に訴えて回るだけでは済まされない時代が来ていると思います。私はこの国会運営につきましても、今度は自民党の方からも一つの改正を提案していただきたいと、これは政府がやることでありませんが、お願いを申し上げております。

議場内において採決をする。この採決の方法を皆さんご承知のごとく一人一人名前を読み上げられて、木札を持って回って投票している。明治以前のその姿がそのまま残っている。木札を一人一人持って採決をする。押しボタンですれば5分間で済むことが、簡単な分かりきった採決でも今の衆議院では45分から50分かかります。

昔は、野党の方々が野党としての最後の抵抗を示す場所は本会議であるなどと言って座り込みをして、そしてあそこで大変な騒動が起こって、今そういうことをするというと評判が悪くなるからあんまりしなくなりましたけど、しかし、一人一人木札を持って回って投票するにしましても44、45分かかりますよ。

こんな忙しい、移り変わりの激しい世の中に、木札を持って投票しなきゃならないという国会採決の方法が許されているのかどうか。一人ひとりにお話をするとよく分かってくださるが、党という立場で話をするというとなかなか。

私はそういうことなども、もう既に踏み切ってやっていいという気がするんです。それを提案してもなかなか理解を求めることができない。つまり、賛成を求めることができないという状態である。

私はすべからくこの大きな問題と取り組んで、国民の声に応えなければならない。それをやらなければならないと真剣に思えば思うほど、もっと国民に幅広い理解を求める道はないのか。そのことを祈るようにして私は、今日の大きな政治経済の課題に取り組んできております。

政局も国際情勢も、内外の情勢、日に日に変わってまいります。この激しい動きの中にあってですね、決断と実行の田中の政治がどう応えていくか、48年度の予算審議から、本格的に私どもはこの課題に応える具体的な法律案、予算を提出して、これからご審議を願うことにいたしております。

どうか一つ、皆様方の深いご理解をいただきますことを心からお願いを申し上げまして御挨拶に代えさせていただきます。

V

1973年7月16日

ソニー株式会社
代表取締役社長

盛田昭夫

Akio Morita

写真＝時事通信フォト

人物紹介

盛田 昭夫（もりた・あきお）

1921年愛知県生まれ。海軍技術中尉としてレーダー研究に携わり、戦時研究委員会で後の共同創業者である井《い》深《ぶか》 大《まさる》氏と出会う。46年東京通信工業株式会社（後のソニー株式会社、現・ソニーグループ株式会社）を設立、取締役に就任。日本初のテープレコーダーやトランジスタラジオを発売するなど、時代の先端を走る。常務取締役、専務取締役を経て、58年社名をソニー株式会社に変更、59年代表取締役副社長。米国現地法人設立を経て、71年代表取締役社長に就任。

本講演後の76年には代表取締役会長となり、日本でCEOを宣言した先駆けともいわれる。79年ライフスタイルに革命をもたらすウォークマン®を発売。86年経済団体連合会副会長に就任。ソニーの国際戦略を描いた『MADE IN JAPAN』や、石原慎太郎氏と新たな日米関係を提唱した『「NO」と言える日本』を出版。革新的製品を世界に送り出すグローバル企業の共同創業者であると同時に、国際派の財界人として世界を舞台に活躍した。99年逝去。

本講演について

1971年6月からソニー株式会社代表取締役社長で共同創業者の盛田氏が、73年7月16日に国際情勢と日本の企業について講演したものである。盛田氏は60年、米国に現地法人のソニー・コーポレーション・オブ・アメリカを立ち上げるなど海外展開を加速。また、70年9月にはソニー株式会社が日本企業として初めてニューヨーク証券取引所上場。当時からグローバルビジネスや米国の環境に精通していた。

この頃の国際情勢では、貿易収支の改善が進まない米国のドルの切り下げ圧力が根強く、73年3月には主要国通貨全てがドルに対して変動相場制を採用した（日本は同年2月）。

国内では、土地の投機による物価上昇や公害問題など、企業に対するイメージが悪化しており、経済団体連合会が総会決議において企業の社会的責任について提言を行うなど、企業の姿勢が問われていた。

１９７３年７月16日講演

私に与えられました問題は、「国際情勢と日本の企業」という非常に難しい問題でございます。特に最近、非常にシリアスに検討をしなければならない問題になっております。私は学者でもございませんし、理論家でもございませんので、今日申し上げることは全く私の個人的意見としてお取りをお願いしたいと思うわけでございます。

この国際情勢と日本の企業と言います場合に、まず第一番に問題になりますのが、日本と米国の問題でございます。

私自身も米国とはいろいろな深い関係を持っておりますので、今日お話をいたしますのは、国際情勢と申しましても、主として米国の関係のことになるかと存じます。

まずこの現在日本の国際的に置かれている立場を一度ここでよく考えてみなければならないと思うのでございますが、最近は多極外交とかいろいろ言われまして、日本は政府であろうと民間であろうと、東西南北、いろいろな方面に接触が出てきたわけでございます。このような複雑な国際情勢下におきまして、日本がどうあるべきかということを考えるときに、第一番に私どもが腹に据えておかなければならないことは、日本の社会体制というものがどうあるべきかをはっきりさせておくことが必要ではないかと思うのでございます。

最近の日本におきます、いろいろな言論を見ておりますと、中には日本の社会体制がここで大きく変わらなければならない、または変わっていくであろうというような推測や議論が出ておるわけでございます。少なくともここにお集まりの方々は、日本の社会体制というものは、いわゆる社会主義体制ではなくて、自由経済機構であるべきというお考えの方ばかりだと私は存ずるわけでございます。

その時に資本主義というような言葉がよく出ますが、私は資本主義という言葉の使い方、また使うことが非常に嫌いでございます。資本主義ということ、社会主義に対して資本主義という表現が間違っておるのではないかと。

少なくとも我々の体制というのは、自由経済というものを根幹とした社会体制であるべきだと私は信じておりますし、日本の大多数もそういうふうに信じておられると私は思いますけれども、日本が今後、国際情勢の中でどうあるべきかを考えていく上においては、まずこの日本が取らなければならない根本的な方向が、右か左か真ん中かどちらかということを、はっきりお互いに共通の意識として確認をすることが、この際必要であるのではないかと思うのでございます。

ということを私が最初に申し上げますのは、その辺がはっきりしておりませんと、国際的な関係において、非常に日本が苦しい、または複雑な立場になってくるような気がするわけでございます。現在も対米問題ということでいろいろ議論が行われておりますが、私は今アメリカから見て、日本の社会体制が急激に変わるとアメリカが思っているとは申しませんけれども、日本の中で起きておりますいろんな現象を一つ一つ見ておりますと、これは日本はどうなるのかいなという心配をする人が出てくることは、否めない事実だと思うのでございます。

特に日本の社会体制がどうあるべきかをはっきり確認をした上で考えてみますと、各国との関係がおのずからはっきりしてくるのでございまして、アメリカに対する態度と、その他の違った側にいる大国とに対する態度とは、そこで根本的に違ってくるべきであると思うのであります。

私はこの対米問題を、本日一番中心としてお話をしたい理由は、日本が自由経済機構の中に、これからもずっと進んでいくべきだと私は信じますし、そうありたいと思いますので、やはり自由経済機構の中で何と言っても大きな影響力を持っておりますアメリカと日本は、もう本当に不可分の関係にあるわけでございます。過去の歴史を見ましても、アメリカと日本との関係がうまくいかないときには、必ず日本が不幸になっておるような気がするのでございます。そういう意味から、我々はここでアメリカに対する関係というものをもういっぺん根本的に考え直してみる必要が非常にあるのではないかと思うわけでございます。

日米関係は、この数十年を見ましても非常に複雑に変わっておりまして（＊V-1）、前の大戦が起きたときの経過は、私自身は学生で、本当に複雑な、実際の実情は身をもって感じたことはないのでございますけれども、とにかく学生時代からアメリカの関係というものがだんだんだんだんおかしくなっていくと。そしてこのままでは大変だ、大変だと言っておる人が非常に多い。非常に日米問題を心配をしている人が多いにもかかわらず、実際の関係は悪い方へ悪い方へ進んでいってしまう。また、アメリカと戦争したら勝てるはず

＊V-1　第一次世界大戦後、米国で排日移民法が成立することはあっても、日本と米国は協力関係にあった。しかし、日本が満州事変を起こし、国際連盟を脱退する中で次第に対立関係が高じ、ナチ・ドイツと三国同盟を結び、中華民国との事実上の戦争に突入する中で、最後の日米交渉でも妥結に至らず、日本の無通告先制攻撃である真珠湾攻撃で開戦した。

がないと言っておった人が非常にたくさんあったにもかかわらず、実際は戦端が開かれたのでございます。

あの戦争が始まったときも、相当多くの方々が、アメリカと日本とはとても競争にならんと思っておったのが、あの緒戦の大変な大戦果（*V-2）によりまして、これは日本が本当に勝てるのかいなと思ったわけであります。しかし、やっぱり日米間の力の差で、これはそう簡単に我々が勝ちを制するものではないと思っておった人は、識者の中にも十分数があったと思いますけれども、現実問題はああいう結果になったわけでございます。

ここで私は過去を振り返ってみようとは思いませんが、あの敗戦をしました後、ちょうどその頃に私どもも小さな会社を始めたわけでございますけれども、日本はどうなるかという危機感が非常に強くみんなの心の中にあったわけでございます。こうして日本が再興をして、こんなに強くなろうなどとは思いも及ばなかったというのが事実であります。我々は、食糧問題にしろ、何の問題にしろ、日本は本当にある意味ではホープレスではないかと思っておりましたのが、ここまで育ってきた。

その間にはアメリカの援助（*V-3）というようなものが非常に強く、たくさんあったと私は思うわけでございます。ある意味ではアメリカというのは人が良過ぎたと。戦争で自分たちが戦った相手をよくもここまで助けてくれたと思うほど、人の良いところがあったわけでございますけれども、そういう結果によりまして、日本はここまで再興することができたわけでございます。その経過というものをもういっぺん、我々は本当に平静に考えてみる必要があるのではないかと私は思うのでございます。

実際、終戦後の、天然資源が全くない日本にこれだけのたくさんの日本人が住んでいかなきゃならないというときに、これどうなるかという気持ちは皆さんも必ずやお持ちになったと思いますけれども、現在の日本の経済的なパワーというものを見ますと、本当にどうしてここまで来たのだろうと、冷静に考えてもなかなか解釈ができないほど、日本は驚異的な復興を遂げたわけでございます。

先般私はアメリカのニューヨークのジャパン・ソサエティーで話をする機会がございま

＊V-2　1941年12月7日朝（日本時間8日未明）、米太平洋艦隊が集結するハワイ・オアフ島にある真珠湾（パールハーバー）を急襲し、日米開戦。戦艦などを撃沈、大打撃を与え、太平洋戦争の戦端を開いた。マレー半島沖、シンガポールなど、開戦直後の連戦連勝に日本国内は沸いていた。

＊V-3　戦後、日本は米などの食糧をはじめとした深刻な物資不足に陥っていたが、連合国最高司令官総司令部（GHQ）を通じて小麦の提供や物資の輸入が行われた。また、米国からガリオア（占領地域救済政府基金）やエロア（占領地域経済復興基金）による援助も受けた。

保護貿易論の高まる中、名古屋港で次々に船積みされる米国向け乗用車（1971年）。
写真＝朝日新聞社／時事通信フォト

した。その時に私は、アメリカ人の日本に対する考え方をいっぺん本当にアメリカ人も再検討をしてもらいたいと強く言ったわけでございます。

それは、今、日米間にございます一番大きな問題でございまして、最近は良くなっておるわけですが、大きな問題を醸し出しましたtrade imbalance、貿易の収支不均衡（*V-4）という問題でございます。これがあるためにアメリカが日本に対して非常に警戒を始めたわけでございます。その貿易の収支の不均衡の原因を考えてみますと、あの戦後の日本の状態、また私どもが初めて日本の製品を輸出をしようと思いました二十数年前の我々の感じというと、日本のindustry、産業が、アメリカの産業と競争ができるなどということはちょっと夢にも考えられなかったのでございます。

私が最初に向こうへ参りましたときも、私どもが作っております電子製品がアメリカの電子製品と競争ができるなどとは夢にも思わなかった。ましてや、日本の自動車がアメリカの街の中を制覇するなどということは夢にも思わなかったわけでございます。

その日本が今や、自動車、エレクトロニクス、全てのものをアメリカに出して、しかもアメリカ製より優秀であるという評価を受けるようになったのは、どこに原因があるかと申しますと、これは日本が資源に恵まれたわけでもございません。全ての資源というもの

*V-4　日本や西ドイツの戦後復興を支えた米国は、輸出攻勢を受けて貿易収支が悪化し、製造業が衰退。ベトナム戦争の泥沼化で財政赤字も拡大する中、1971年8月ニクソン米大統領がドルと金の交換停止、輸入品に10％の課徴金の導入を通告（ドル・ショック）。

はよそから持ってこなきゃならない。何で日本がそこまで行ったかといいますと、全くこれは日本人の努力によってでございます。

なるほど我々は、技術導入をいたしました。アメリカは人が良過ぎるほどと申しましたけれども、アメリカは確かに日本に対して、日本が戦争のためにギャップができておりました技術を、相当自由にいろいろな面で援助をしてくれたわけでございます。もちろんそれに対して授業料は払ったわけですが、とにかく技術援助をしてくれて、そして日本はアメリカから教わったことによってその遅れを取り戻したのでございます。しかし、取り戻すことができたのも、日本人が本当に努力をしたからこそ初めてできたわけで、その天然の条件で、日本の industry がここまで強くなったわけではございません。

従って、今アメリカと日本の間に trade imbalance ［貿易不均衡］ができたということも、これは全く日本が持っておった天然資源によってできたわけではない。日本の持っておる人的資源の一人ひとりの人の努力の結晶によって、アメリカに競争することができたわけでございます。

ところが、アメリカは競争力が強くなった日本に対しては、競争力が強過ぎる、だから、これを弱めるためにまず課徴金をやって、結局は円の切り上げ（＊V-5）をさせる。

または日本が強過ぎるから繊維の輸入制限をするとか、いろんな意味で、アメリカは日本の進出というものを食い止めようと努力をしておるわけでございます。

ところが、アメリカが必要としている石油のようなものに関しましては、どうしても石油が欲しいもんですから、石油産出国に対しては、そこに大きな貿易の収支不均衡が起きても、アメリカとしてはもう入れなきゃならない。そういう天然資源に対してはアメリカは無条件に屈服をして、ドルが流出をしてもどんどん買っていく。人間の努力によってできた不均衡に対しては何とかしてこれを人為的な手段で是正をしようとすると。こういうことは私は間違いではないかと、アメリカにあらゆる機会に言っておるわけでございます。

そのように天然資源の問題は諦めて、人間の努力は人為的な手段によって無にするというようなことが行われますと、日本の中におきます対米感情も決して良くならないと思うのであります。

＊V-5　戦後円相場は1ドル＝360円に固定されていたが、ドル・ショックを経て1971年12月10カ国蔵相会議で1ドル＝308円に（スミソニアン体制）、73年2月変動相場制に移行（当初、257〜264円）、と円が切り上げられてきた。

日本人の努力というものをもっと買わなければならない。買うということはどういうことかと言いますと、その競争力に対抗するには、自分のほうも努力をして対抗するという手段を取らなければならないということを、私はアメリカに強く言いたいわけでございますけれども、日本人は残念ながらアメリカに対して思うことを言う習慣がないわけでございます（＊V－6）。どうももっともっと日本としては強く、アメリカにこの点は強調をされるべきだと思いますが、アメリカのほうから見ますと、言いたいことはたくさんあるわけです。その努力ということはよく分かるけれども、日本はあまりにも自分のほうのマーケットを閉鎖しているではないか、というのが今度は彼らの言い分でございます。どうもそれを言われると、こちらが非常に痛いことがこの数年間続いてきました。

もう一つ、日本の非常に大きな問題は、やはりこの過去二十数年間、ミゼラブルな終戦後の状況から、私たちが産業を築き上げてくる間の努力があまりにも苦しく、つらいものであったために、日本人は稼ぐ、働くことはよく知っておりますけれども、その働いた結果をうまく利用することを知らないという点だと私は思うのでございます。

日本はせっかく努力をしてこれだけの大きな外貨を貯めたのですが、本当にこれを使う術《すべ》を知らないうちに円の切り上げといったような人為的な方法でそれが減らされていきつつある、というのが今の状況だと思うのでございます。

ですから日本人は本当に我々の貯めたお金を有効に使うことを知らずに過ぎてしまった。または本当に知らない。これをもっともっと有効に使えたのに、そのチャンスを逃してしまった、逃しつつあるというのが、私は現状だと思いますけれども、それでは日本人は海外に全く投資をしなかったかと言いますと、そうではないのです。

ある意味では日本はこの二十数年間、莫大《ばくだい》な投資を事実してきた。どういう投資かと言いますと、全くお金でなくて、無形の努力というものを投資をしてきたと思うのでございます。

私自身が初めて外国に出ましたのは、ちょうど20年前でございますけれども、我々のエレクトロニクスの製品が競争できるなどとは思っていないときに、それでも私どもはいつか輸出をしてやろうと思って出かけていったわけでございます。

その当時から既に日本の商社の方、または日本の企業の方々は、どんどん外国へ出始め

＊V-6　盛田氏は、石原慎太郎氏と共著で『「NO」と言える日本』（光文社、1989年）を後に出版。日本人は外国社会でも「言わなくても分かってもらえるだろう」と期待しがちと指摘。相手と意見が違ってもそれをはっきりと言い合うことを推奨し、「ノー」と言うことで相互理解を深めるきっかけになると説いた。

て、エコノミックアニマル（＊V-7）というような、悪口が言われますけれども、事実は、世界中足跡至らざる所なしと言っていいほど、日本の企業の人たちは歩いておるわけでございます。

これは、海外に対してお金を投資したわけではない。また、お金を投資した額は少ないけれども、そのような実際の努力、目に見えない投資というものを私は日本の企業は莫大にしたと思うのでございます。事実、この20年間、もう本当にありとあらゆる所に日本のビジネスマンが出て、そこで苦労をし、そこでの知識を得てきたことは、非常に大きな投資でございました。

やはりできることを一人ひとり全ての人がしていくということが必要なのではないかと思うのであります。

アメリカから見たら、日本は、自分で自分を守る力を持たない、または安保のアメリカの傘の中に入った国でございます。アメリカから見たら、日本は町人でございます（＊V-8）。町人であれば町人であることを自覚をしなければならないと思うのでございます。はっきり自覚をした上で、お侍と話をしませんと、お侍が怒ると町人は自分は守れないと。このお侍にもいろいろあるわけでございます。どのお侍と仲良くするかということと、自分が町人であるということを、はっきり自覚をする必要があるのではないかと。そういう中で、私どもビジネスマンは、ビジネスをしていかなければならない。そういうことから考えますと、今後の我々ビジネスマンのあり方も、非常に大きな問題が出てくると思うのでございます。ここで私はもういっぺんビジネスマンも腹を据えて考え直さなければならないと思いますのは、ビジネスとは何かということです。経営者の経営というもののあり方であります。

最近どうも企業は儲け過ぎであるとか、企業は社会責任（＊V-9）を忘れておるというようなことが批判をされております。私はなるほど、我々はそういう点に十分意を払わな

＊V-7　高度経済成長期の日本人を表す言葉として用いられた。東南アジアへの経済進出など貪欲に経済的利益を追求する姿を指す。

＊V-8　自国の安全を米国に依存する日本を、「武士」に対して「町人」に例えた考え方。天谷直弘『日本株式会社残された選択』（ＰＨＰ研究所、後に『日本町人国家論』に改題）などに詳しい。

＊V-9　企業の社会的責任（ＣＳＲ）。１９７０年代は四日市ぜんそくなど公害問題で企業側の責任を認めて賠償金の支払いを命じる判決が相次いだ。また、列島改造ブームの際の土地投機、石油危機の物価上昇などもあり、企業批判が噴出。公害対策や環境・人権への配慮とともに、利益を社会に還元する姿勢も求められた。そうした中で、企業の社会貢献として財団の設立が盛んになり、パナソニック（松下電器産業）の創業者・松下幸之助氏は79年に私財を投じてリーダーを育成する「松下政経塾」を設立した。

かった点もあるかと思いますけれども、自由経済機構の中におきましては、自由経済の一つのユニットである企業は、絶対に存続をしなければならないものでありますし、企業の使命というものは、いかなる時代においても、私は変わりがないと思うのであります。

儲け過ぎというようなことを言われますけれども、適度な利潤がなければ、企業というものは永続性がないわけでございます。

先般も私は社内で若い管理層と話をしておりまして、その時にある若い係長が私に質問をしました。わが社の目的は何であるかと。利潤を上げることとか、世界制覇か、何が目的かと私は質問をされました。その時に私の意見をはっきり伝えたわけでございますけれども、わが社の大目的というものは、我々の持つ技術をできるだけ多くの世の中の人たちに利用をしてもらうことである。我々の技術によってより良い便益を提供することが、わが社の大目的であるけれども、それをどう具体化をするかということに非常に大きな条件がある。それは何かと言いますと、我々が企業である以上は、ソニーという一つの企業体として、ソニーに関わりを持った人たちが、ソニーを離れるときに、本当にソニーに関わり合ってよかったと思えるような企業体であり続けたいというのが、私の根本精神だということでございます。

ソニー創業者の井深大氏（右）と盛田昭夫氏（左）。1967年撮影。
写真＝時事通信フォト

関わり合いを持つ人というのはいろいろでございます。私どもの製品を使ってくださるお客様も、やっぱりソニーの製品を買ってよかったと思っていただきたいわけですし、私どもの株は、実際に今、日本で一番高い株でございまして、世界中の証券取引所に上場をされておるわけでございます。また、多数の海外の投資家を持っておるわけでございますが、この高い株に投資をして、やっぱりよかったというふうに思ってもらえるような企業でありたい。

それと同時に、わが社に働く従業員諸君が、大体日本においては lifetime employment ［終身雇用］でございまして、一生に一つの会社でしか働かないわけですから、ソニーで人生の大部分を過ごして、そうしてやっぱり自分はソニーで働いてよかったと思える企業でありたい。

私は、それが私の望みだということを言ったわけでございます。ただ、今年退職した人がよかったと思うだけなら簡単ですけれども、私はそうではないと。今年入社をした人たちがこれから30年働いて、ソニーを離れるときに、やっぱり自分はソニーに一生を捧げてよかったと思ってもらいたいし、また来年入ってくる人が、退社をするときにもそう思ってもらいたい。

いつまでもそういう企業でありたい。それが私の願いであり、そうでなければ、我々の企業というものの存在する価値はないんだと。そういう企業であるために、わが社はいつも順当な利益を上げていなければ、それが実現できないし、またその順当な利益を上げていくためには、わが社の現在の形態においては、世界各国にマーケットをつくり、世界各国に生産基地をつくらなければ、それが完遂をできないと。

だからわが社は世界中に出ていくのであって、世界制覇が我々の目的ではないということを私は言ったのであり、企業というものはそうあるべきであると私は考えておるわけでございます。全ての企業がそういうふうにあれば、それを総合した自由経済機構というものは素晴らしいものになれると私は考えておるわけでございます。

確かに日本というのは非常に苦しい環境にございます。オランダが世界で一番人口密度が高いといわれておりますけれども、実際はオランダで一番高い山は400メートル［未満］でございます。日本はオランダよりは人口密度が低いといわれておりますけれども、日本はほとんどが山でございます。

いわゆる森林とか原野というようなものを除きまして、実際に利用できる面積で割ってみますと、これはたまたま平方マイル当たりの数字ですが、日本の人口密度は、1平方マイル当たり2345人でございます。世界で一番高いといわれているオランダは約1000人でございます。約2・3倍の人口密度を持っております。そのような勘定をしますと、アメリカはたった83人しかいないわけでございます。

1平方マイル当たりに2345人というのは、もっと分かりやすい数字に換算をしてみますと、森林地域を除きました日本の面積を、この1億人の人口で割ってみますと、1人当たりは335坪しかないわけです。

330坪の中に、我々は道路も持ち工場を持ち、自分の住む場所を持ち、耕した農地も持たなければならない。わずか1人当たり330坪の土地に住んでおるのが日本でございます。その中に、世界で2番目の工業力を持てば、なるほど環境が悪くなるのも当然であるわけです。

しかし、我々がここでこそ自由経済機構のメリットを発揮をして、この環境を改善すべきときであって、自由経済という状況の中でお互いに競争することによって、より早く環境の改善もできると、私は思うのでございます。

日本がここまで進歩を遂げましたのは、確かに日本の中で非常な競争が起き、また日本がお互いに世界各国の企業と競争をしてきたからでしょう。自由に競争する原理こそ、人間が本当に努力をし、切磋琢磨をしていく根源だと思うので、そういう状況によってのみ日本は環境の改善もできると私は確信をしておるわけでございます。

しかし、同時に、自由経済機構の中で一番大事なことは何かと言いますと、自由経済を支える最も根底にあるものは、私は信用だと思うのです。信用があってこそ初めて我々の経済機構が成り立つわけでございます。

信用が欠如をしては、これは意味がないと。信用が小切手になり、手形になり、借金になる。私は自由経済の根本の一番大事なレールは信用が通用をすることだと思います。そこで、この信用を基盤にして我々の経済状況を考えてみますと、日本全体の信用を国際的に高めるということが一番大事だと思うのでございます。

それは何かと言いますと、私どもの行く道をはっきりさせること。これが第一番に信用を高めることだと思います。今、日本の私どもの例を申し上げますと、私どもの会社では45％以上の株式が外国人によって所有をされております。また、日本全体の株式を見ましても、上場している株式の5％以上が海外の人によって持たれております。またその他に、日本が発行した外債は非常にたくさんあるわけです。

日本の将来が安心できるから、これだけ大きなお金が投資をされており、また国際的にお金が回っておると思うのでございます。日本の行き道が非常に不安であるというような状況が出てまいりますと、これがたちまちに引き上げられる可能性も出てくるわけです。これは非常に恐ろしいことだと私は思います。日本が自由経済機構から脱落するときというのは、そういう時に起きてくると思うのでございます。

その国際的な信用を勝ち得るという、一番大事なことは、我々日本の企業がやっぱり、利益を上げ続け、企業として健全な発展を遂げていくことだと思います。

先般、最近論議をされております企業の社会的責任は何かということについて、社内で議論をしました。企業の社会的責任の最大なものは、企業が順当な利潤を上げて健全な発展を遂げていくことを、社会の人に確証できることだと、その時に私ははっきり言ったのでございます。

なぜならば、そういう将来の発展が保証されてこそ、外からの信用が勝ち得られるわけで、その信用がなくなったときに、自由経済機構というものは崩壊をすると思うのでございます。そういう観点から言いますと、経営者の一番大事な責任は、やはり企業がprofitable［利益を生む］、そしていつも繁栄を続けていく企業であるということだと思うのです。それによってのみ日本の経済は発展をしていくわけです。そのことは、ただ売上をたくさん上げるということではないのでございます。

VI

1975年1月27日

経済団体連合会会長
土光敏夫

Toshio Doko

写真＝時事

人物紹介

土光 敏夫（どこう・としお）

1896年岡山県生まれ。1920年株式会社東京石川島造船所（後の石川島重工業株式会社、現・株式会社IHI）に入社、タービンの設計に携わり、スイス研究留学も経験。36年、株式会社芝浦製作所（後の東京芝浦電気株式会社、現・株式会社東芝）と共同出資の新会社・石川島芝浦タービン株式会社の技術部長を経て、46年社長就任。50年石川島重工業株式会社に社長として戻り、赤字業績を立て直す。合併して石川島播磨重工業株式会社社長となり同社会長を経て、65年、東京芝浦電気株式会社社長に就任し、経営再建。同社会長となり、74年経済団体連合会会長に就任。

本講演後の81年には首相の諮問機関・第2次臨時行政調査会の会長を務め（土光臨調）、「増税なき財政再建」をスローガンに歳出削減に取り組んだ他、「民間活力の活用」を目指して国鉄（現・JR）などの民営化を提言した。88年逝去。

本講演について

経営再建で知られ1974年5月から経済団体連合会会長を務める土光氏が、75年1月27日に当面の経済問題として情勢と展望について講演したものである。

この頃の内外の情勢として、73年10月に第4次中東戦争が起こり、石油輸出国機構（OPEC）が原油価格の大幅な引き上げと供給制限を講じた（第1次石油危機）。日本では、トイレットペーパーの買い占めなど、狂乱物価を誘発し、74年はインフレが急加速。物価安定を目指し総需要抑制策が取られた。

高度成長は幕を閉じ、産業構造の転換が求められていた。

1975年1月27日講演

ただいまご紹介いただきました、私土光でございます。本日は与えられた題目につきまして、当面の経済問題について、多少お話し申し上げたいと存じます。

内外の経済情勢でございますが、ご承知のように、昨年、昭和49年［1974年］の日本の経済というものは、一昨年の10月の石油ショックを受け、大変な混乱のうちにスタートしたわけであります。

政府におかれても、総需要抑制であるとか、あるいは厳しい金融引き締めの政策を打ち出されたので、我々財界におきましても、かつて経験のない経済変動に対しまして、政府の方針について全面的に協力申し上げたわけであります。

普段ならば、不況に対しては金融の引き締めの緩和であるとか、いろんな問題が起きるのでありますが、ご承知のように、昨年におきましては、非常に苦しいながら、みんな協力して、インフレ克服にあたったという次第であります。

そういうわけでありまして、我々といたしましても、特に後半下期におきましては、経

第1次石油危機により、商品が消えたスーパーの洗剤売場（1973年11月）。買い占めの影響で商店からトイレットペーパーや洗剤などの石油関連商品の品切れが続いた。

写真＝時事

済の不況の深刻化とともに思わぬ問題が起きやしないかと、非常にいろいろな方面と連絡取りながら心配しておりました。殊に年末においては、いろいろと問題があるんじゃないかと実は心配しておった次第でありますが、ご覧のように、予想以上にと言うと語弊がありますが、一応無事に越年し、［昭和］50年を迎えたわけであります。

さて、迎えた50年、新しい年も既にひと月を経過しようとしておりますが、昨年末からいろいろな不況の深刻さは、一刻一刻と我々の肌身に感じるように、シビアになってきておるのであります。

我々といたしましても、この1－3月期をどういうふうに持っていくか。これは昨年、49年が無事に済んだから、これで3月までいいだろうというふうにはなかなか感じられないのであります。ますます一刻一刻と浸透しつつあるこの不況に対して、我々としては、日本銀行はじめ、政府の要路に絶えず連絡を取りまして、もちろんインフレはまだ克服されたというわけじゃないのであります。

なお、本年度、また物価の上昇というような問題があっても大変なのであります。この1-3月期は、一応政府（*Ⅵ-1）のご方針に従って、総需要抑制ならびに金融引き締めというような問題は、我々としても、この看板を下ろしていただきたいとは表面上申し上げないことにしております。

ただし、やはり昨年よりも深刻になっておる現状においては、政府におかれてもただ単に、きめ細かい対策を部分部分に打つのではなく、もっと根本的にいろいろ将来の問題とともにお考え願いたいということを申し上げておるのであります。

というのは、昨年末におきましては、予想外に卸物価も非常に沈静をしたと。ご承知のように、11月においては、心配したのでありますが、前月比0・3%、12月はさらに下がりまして0・2%、というような前月比の物価上昇であったと。殊に心配しました消費者物価におきましても、12月の上昇率は前月比0・4%と、非常に我々としては安定をして越年したのであります。

それだけに、現在の経済情勢の不況は、非常に深刻である。一般国民ならびに経済界におきましても、政府の施策に従って、非常に忍耐し努力してきたということを、我々はつくづく感じるのであります。なお、年度末において政府は大体消費者物価を15％までに抑えるということであります。

これも昨年秋におきましては、やはり政府も15％以内の物価の上昇に対しては、幾分まだ不安な点がおありになったかと思いますが、我々としては春闘（＊VI-2）とこれを何ら結びつけて考えるわけじゃありませんけれども、とにかく3月末の消費者物価は何としても15％に抑えていただきたいと強く要望したのであります。

現状におきましては、昨年暮れの情勢ならびにその後の様子を見ておりまして、3月末の15％以下の消費者物価の上昇は、現在では政府は非常に確信をお持ちになったというふうに見受けておるのであります。

＊VI-1　総需要抑制策を進めた田中（角）内閣に続き、1974年12月9日から三木武夫内閣がスタートしていた。
＊VI-2　労働組合が賃上げなど労働条件の改善を求めて毎年春に経営者側と行う統一的な交渉。1974年春闘は狂乱物価による実質賃金低下もあり、春闘史上最高の賃金の引き上げが実施され、75年春闘（本講演後）は前年を50％近くも下回る低い妥結額となった。

春闘の問題でありますが、昨年春闘におきまして32・9％、この非常に大きな賃上げがあったのであります。これが消費者物価等に及ぼした影響というものは、なかなか大きいものがあり、かつ、現在においても影響を全部回収しておるわけじゃないと思うのでありま す。

現在いろいろと巷間伝えられておりますように、相当の賃上げが再び次の春闘において招来されることになりますと、せっかく国を挙げて、インフレ克服に努力した、この1年間の努力がほとんど水泡に帰して、再び物価の上昇が起きるようなことがあれば、これはスパイラル状況を起こして、とてもその後における対策というものは、我々としても自信がないのであります。

これはもちろん、労使間の問題であります。今後、経営者といたしましても、相当の覚悟を持って対策に当たると思います。しかしなにぶんにも、消費者物価が上昇するということであれば、一般勤労者に対する生活ということも相当考慮しなきゃならんということであろうと思うのであります。従って、3月末において15％以下の物価上昇になれば、我々としてもこれに対して対策の立て方が幾分楽になると思うのです。

そういう状況を抱えておりますけれども、現在の経済というものは既にオーバーキル

［景気の引き締め過ぎ］の状況にあると思うのであります。

さっき申しましたように、我々としては、総需要の抑制政策の継続等は、何ら政府に要望して現在これを打ち切っていただきたいと申し上げるわけではないのです。しかし、現在、非常に深刻になりつつある不況の対策については、政府は自主的にいろいろの政策をですね、謙虚に打ち出していただかなければならないというふうに我々は感じておるのであります。

政府におかれても、経済政策審議会が開かれておりまして、福田副総理（126頁参照）のもとにいろいろとご苦心のほどは、我々は十分承知しておるのであります。この会議におかれても、新聞によりますと、今日か、いつか、通産省［通商産業省］がやはり重要産業の動向という報告をされると承っております。

通産省方面ではですね、各業界のいろんな事情を先般来つぶさにご聴取になっておられることを我々は承知しております。また我々も通産省あるいは大蔵省、その他いろいろと連絡は取っておりますが、とにかく繊維工業であるとか、家庭電器関係、自動車、産業機械、紙パルプ、非鉄金属、石油あるいは石油化学製品であるとか、いろいろな方面において、非常に現在苦しい状態にあるということはご承知の通りであります。

それを受けまして、昨年後半以来、操業率は非常に低下してきております。のみならず、操業率を調節いたしましても、やはり在庫関係、在庫は大体、昨年いっぱいで相当を整理されるであろうと、あるいは、1－3月期では在庫の問題が解決されるというようなことも噂されておったのでありますが、現状におきましては、生産を通しましてもいわゆる製品在庫がますます増えている。

さらに、出荷が非常に軽減しつつあるというような、不況が非常に深刻な状態になっておることは皆様ご承知の通りであります。そういう情勢を受けまして、いよいよ1－3月期が終わって、今度4月から新しい政府の予算が先般、決まりまして、目下議会で審議される段階になっておるのであります。

この50年、どういうふうになるのかと、政府におかれては、順次景気を回復させて、年間の経済成長を4・3%程度にするんだということであります。来年の経済成長については、経済研究所等［の予測］においても多いのは8%。いろいろとバラエティーがあることを我々は承知しております。

政府の4・3%という経済成長は極めて妥当であろうと思うので、我々も経団連におきまして、既に昨年、来年度の経済についていろいろと研究してまいりました。我々の検討では昨年末、3・4%の経済成長を打ち出したのであります。

しかしこれを各委員会に諮ってみますと、やはり実際、企業を経営しておる者は、3・4%でも頭を傾ける人が多かったので、我々はとても5%以上というのは、あるいはやってみなきゃ分かりませんけれども、現状からするならば、急激にそういうふうな成長に到達するとは、なかなか考えられなかった。

政府は4・3%ということを発表されたのであります。我々としては、一応これは妥当じゃないかと。しかし4・3%にしましても、現在マイナス成長の現状から、年度変わって順次調節していくとして、年平均4・3%の成長ということは、よほど計画し、周到に事が運ばなければ、なかなか難しいことではないかと我々考えているのです。

現状においてゼロ成長、あるいはマイナス成長という状況におきまして、企業は非常な苦境にあるわけで、とてもゼロ成長で事業保持できないのであります。従って、来年度になりまして順次これが上昇に転ずることを、我々は非常な期待を持って、見ておるのであります。

政府の予算は画然と4月から変わります。我々の経済活動は、本年度の状況から来年度の状況につながっていくものであります。これをどういうふうにして、1-3月期から来年度の第1四半期、あるいは第2四半期とつないで、混乱なしにどういうふうに打ち出していかれるかを、我々非常に今心配しております。我々が考えますのは、現在のような不況から順次上げていくということになりますと、とにかく政府が政策を打ち出されても、これが本当に効果を上げてくるのは、少なくも5、6カ月かかります。

1-3月期が現在のような非常にオーバーキルの状況にあるのです。やはり来年度になって、政府は新しい政策をやられるというのでは、とても来年度の初めから、政府の企画されるような順調な上昇カーブには乗らないと思います。従いまして、来年度はそういう上昇気流に乗っけるというのであれば、我々は1-3月期においても、静かに打つ手は打っておいていただきたい。看板を下ろさんでも結構でありますから、やはり相当の期間を要する経済調節ですから、現状においても、遅れないように打っていただきたいというのが我々の希望であります。

通産省におかれても、中小企業に対する金融であるとか、滞貨資金であるとか、あるいは減産資金であるとか、こういうふうな後ろ向きの政策は細かく打たれておると思うので、我々としては、やはり今年度の予算が非常に緊縮になりまして、繰り延べ予算というものを想定して、いろんな予算の使用について制限されたと記憶しておるのであります。

公共事業等においても、８％程度は食い止めるんだということが、昨年夏決定されたと思います。従って、物価が沈静した、一応、現状のような状況になりましたら、やはり国の皆さん等は、即刻これは景気調節のために、来年度予算の準備のためにも繰り延べを打ち切って、発注に移るということが絶対必要じゃないかと思うのです。

とにかく我々としては、現状は苦しいけれども、来年度、50年の経済を本当に順当に上りカーブに持っていっていただくことが、現段階における非常に重要な問題であろうと思うのであります。

昨年の初頭におきましては、石油ショック、それ以前のインフレの継続もありましたが、それに大きな石油ショックの問題が加わりまして、狂乱物価とまで形容されたのであります。

当時においては、日本経済に対する世界の批判はとても厳しくてですね、日本の経済というものに対する信用は非常に落ちておったと思うのです。ところが1年を経過して昨年末になりますと、非常な狂乱物価の状況から、ようやく平静な、沈静した状況になる。

殊に、卸物価等は3月以降は順調に安定線をたどって、後半においては、もちろん西ドイツには及びませんけれども、非常に急激な上昇をしておった日本の卸物価が、少なくとも英伊等はまだまだそこまで行ってないので追い越して、少なくもフランスなり、あるいは米国の線まで到達したということは、外部から見れば驚異的な問題であったと思うのです。遅れておったけれども、消費者物価等も一応沈静の状態になってきたと。

この急速な物価の沈静、インフレが克服の軌道に乗ったことは、どれも現状において、世界でも非常に不思議がられておることは皆さんご承知の通りであります。

心配した日本経済が、一応ここまで来たということは、やはり全国民の非常な協力があったと思うのです。インフレという問題に対して、国民が政府の施策に非常に協力した。これは非常な努力と忍耐の結果であったと思うのであります。

しかも、我々全国的に金融界の方々とも連絡取ってみると、我々が心配していた消費は美徳なりという気風が日本に滔々《とうとう》として流れておったにもかかわらず、そうした心配を裏切って消費経済が非常に締まってきたと。逆に言うならば、消費が非常に締まったために、財界も非常に不況にあえいでいるわけでありますけれども、いずれにしても、賃金等はいろんな物価の影響があったとはいえ、貯蓄が非常に伸びておるということは皆さんもご承知の通りであります。

最近の新聞でも、やはり金融は締まったといいながら、消費者、個人は相当の余裕を持っておると、貯金が非常に増えているということであります。一面、業界においては金融に困ると言いながら、一面、非常に貯蓄も増えている。非常にめでたい現象じゃないかと思うのです。

そういうわけで、全国もこの経済的危機に対して相当いろんな意味において、危機感が浸透してきたものと思います。従って、どういうふうにして、50年において、政府の計画される平均4・3％［を達成するのか］、これはいくらになるかやってみなきゃ分からないでありましょうけれども、安定した上昇カーブに乗っけるというのが我々の義務であろうと思うのであります。

さて、そういう現状の認識でありますが、実際これは国内だけでないのであり、世界の情勢を見ましても、とにかく大変な経済的混乱であると。米国と言わず、西ドイツと言わず、世界各地においてです。先進国はもちろんでありますが、発展途上国も非常に苦境にあるということは事実です。

この大きな原因はもちろん、石油問題も一番影響しているのであります。とにかく世界は今、景気［物価上昇］と不景気とが一緒にやってきている、いわゆるスタグフレーション。経済学は非常に進歩したとは言いながら、このスタグフレーションをどういう処方箋によって治すかということは非常に問題であると我々も承っております。日本国内の経済が今非常に苦労しておるというだけでなく、日本を囲む他の諸国、地球上全部がこういうふうな混乱状態にあるというのであります。従来の不況等をどういうふうにしてやっていくかということとは、質的にずいぶん違ったものであろうと思います。

日本は戦後30年、非常に国民的努力によりまして、いろんな問題があったにしても、現在まで来たのであります。日本経済を発展させた大きい原因は、やはり資源、低廉なエネルギー、あるいは豊富な食糧と、供給が非常に潤沢であったことだと思うのです。

ところが、2、3年前にですね、先覚者どもはローマクラブでいろいろと地球の問題について心配をしたのであります（＊VI-3）。もちろんこれは必ずしも極端に悲観する必要はないと思うのです。しかし、地球の有限性、資源の有限性について、警告を発したことは事実であります。その結果、こういう問題が期せずして起こってきたのであります。

現在においては、資源のナショナリズムが非常に世界でも盛んになってきております。また、我々が安心していた食糧問題も、非常に不足して問題が起きてきておるということはご存じの通りであります。

日本の経済も、従来、異常な10％台の成長を続けてきたのであります。その結果は、や

は り消費は美徳なりというような大量生産、大量消費が日本の国全般にも行き渡っておりました。こういう点が一朝にして崩壊したことは、これはもう事実であろうと思うのであります。

のみならず、日本もですね、戦後、ブレトンウッズ体制（＊VI-4）によりまして、従来にない国際協調、あるいはまた自由貿易等に支えられて、例えば以前は1％台の世界貿易の伸びであったものが、戦後には8％から伸びることに乗りまして、日本の経済成長も大きく支えられて、日本の経済が伸びてきたと思うのであります。

現状においては、ご承知のように既に国際通貨も変動相場制（＊VI-5）に移行しておりますす。今いろいろな問題から、ブレトンウッズ体制も崩壊に瀕しておると言っても過言で

＊VI-3　1970年に有識者が集まって設立されたローマクラブが、72年に「成長の限界」という報告書を発表。人類の未来について、このまま人口増加や環境汚染などが続けば、資源の枯渇や環境の悪化により、100年以内に限界に達すると警鐘を鳴らした。

＊VI-4　第二次世界大戦後の国際経済・金融体制。大戦末期の1944年7月、米ニューハンプシャー州ブレトンウッズで開かれた会議で、米ドルと金の交換比率を定めた上で、各国通貨とドルの交換レートを固定した。しかし、71年に米ニクソン大統領がドルと金の交換停止を宣言し、事実上崩壊。

＊VI-5　外国為替市場で取引される為替レート（通貨の交換比率）を、需給に応じて自由に変動させる制度。日本は1973年2月14日に移行した。

ないと思うのです。

のみならず、先般来、米国と殊に心配しておりますオイルダラーの問題。日本では油が来なくなったというので心配したのですが、しかし油が来るようになったら、一部は安心したような形であったのであります。早くも資源の豊富な米国が、このオイルダラーの問題について非常に心配している。現状においても、年々、今年も、去年も、既に５００億、６００億ドルが、実質的にアラビア地区に集積されていると。この問題はさらに多額が年々集積される、こういうことになると、世界通貨っていう問題が非常に大きくなる。

そこでオイルダラーの還流（＊Ⅵ-６）というような問題も現在論じられておるし、あるいはまた、非産油国等における非常な外貨不足、不況問題等も、最近ＩＭＦ、蔵相会議で議論された通りであります。まだこれは解決されておりませんけれども、とにかくこれらも非常に大きい問題であろうと思うのであります。

こういう問題を抱えて我々は、昭和50年［１９７５年］をいかにやるかと。これは日本だけでなく、世界各国の問題であります。従って日本が従来、貿易に依存して全てやってきておったのでありますが、世界各国、殊に発展途上国等も、こういう非常な混乱状態の不況の中にある状況においては、日本の貿易もどういうふうに先を見通すのか。昨年におきましても、日本の輸出について、いろいろと議論してまいったのであります。

本年度は初め心配したけれども、実際現状においては、非常に順調にいって、外貨も順調に収まるという見通しが立ったので、これは非常に喜ぶ次第であります。しかし、来年度は果たしてどういうふうな輸出の伸びができるのかと。一般はですね、どうもそう悲観しない、楽観という語弊があるかも分かりませんが、いわゆる貿易は伸びるであろうというふうな見当が多いのであります。

もちろんそうあれば結構でありますが、我々は果たして各国の経済状態、殊に発展途上国の非常に困難な経済状態を考えまして、日本の貿易が50年度においてどうなるかということも一つ心配のタネであろうと思うのです。とにかく、この世界的なスタグフレーションをどういうふうに克服していくかというのが、世界の経済情勢、その影響を受ける日本の50年も大変な問題であろうと思うのであります。

政府の施策よろしく我々もこれに協力して、50年は政府の方針のように、4％台の非常に安定した経済成長の線に乗っかるということであれば、我々これに越したことはない。

＊VI-6　石油価格高騰により産油国に集まる資金を、開発途上国など必要とする国々へ、いかに流すかが問題になっていた。

これに対して非常に努力を払いたいと考えておる次第であります。

しかし、資源の問題、エネルギーの問題、あるいはその他もろもろの条件が、戦後30年経ちまして非常に変化を来しております。そこで政府におかれては既に、数年前から日本の産業構造の転換［を図り］、これはご承知のように、非常な高度成長を遂げてきた日本の経済が、やはり曲がり角に来ておると。

この原因は、確かに高度成長によって、日本の国民の所得も増えたし、いろんな点で経済力は増強されましたけれども、一面、非常に優秀で豊富であった労働力、これもようやく限界が来ていると。殊に、高度成長の結果、環境問題というものが非常に大きく浮かび上がってきた。

そういう結果から、どうしてもやはり産業構造の転換を必要とするという政府のお考えであり、我々もまた確かにそうであろうと、いろいろと画策しつつあったので、通産省も昨年の9月13日に産業構造の改善のビジョン（＊Ⅵ-7）を打ち出し、そして、我々においてもいろいろ研究しておる次第であります。

しかし、産業構造の改造と、簡単に言葉では言えますけれども、実質的にこれをどういうふうにして持っていくかは大変難しいことで、一朝一夕にはいかないと考えているので、政府はいろいろとビジョン、方針を出されるのであります。

どういうふうにして産業構造の改善を緒に就けるか、経団連としても非常に大きな責任であろうと目下、転換について業界といろいろ研究しておりまして、既に案はまとまっておるのですが、一応さらに慎重に各方面との意見を交わして、これを近く発表する予定であります。

そういうふうな周囲の状況が変わっておりますし、また春闘で法外な賃上げについては非常に心配しておるわけであります。しかし、日本としては、やはり労働力もようやく不足の域に来ております。また、国民生活も現在の状況でストップするわけにいかない。年々やはり賃金の上昇もあるということになりますと、非常にこれは産業構造の改革は難しい。経済成長が非常に大きいのは悪いと言って、ゼロにするわけにもいかない。やはり賃金を上げ、あるいはまた、福祉社会を継続していくのではなく、さらに一段と福祉社会を建設していくということになれば、やはり経済にも相当な余裕が必要である。そうなると、政府はあるいは6％、7％と、いろいろご研究になっておるようでありま

＊VI-7　通産相の諮問機関「産業構造審議会」（1964年4月設置）が、74年9月13日に「わが国産業構造の方向」と題する報告をまとめて通産相に提出した。『産業構造の長期ビジョン』（通商産業調査会）として刊行。

す。

我々もこのインフレを克服すると同時に、最初は今言うように、スローに上昇しながら、近く何％、最も妥当な経済成長率を、確保しなきゃならないというふうに考えております。やはり日本経済がさらに発展するためには、矛盾のない必要な経済成長率は、どうしても社会福祉のためにも、国民生活のためにも、キープしなきゃならない。非常に難しい問題であると感じております。

現状におきまして、ご承知のように、日本の教育もどんどん高度化して、高等学校の就学者は既に90％を超している（＊Ⅵ－8）と承っております。また、その高等学校から、少なくとも4分の1以上は大学に進むと。とにかく将来日本の教育は、非常に世界でも高度化されてくる。こういうふうな高度の教育を受けた人的資源を、どういうふうにして活用していくか。

殊に日本は資源がないのですが、人間だけはこういうふうに教育にあり、また資質の優秀な人材がいます。今後は一般にいわれているように、日本は人的資源に頼る以外はないのであります。殊に、その人的資源の頭脳的活動、活用が最も必要であると我々は確信するのであります。

今まで日本では勤勉はいかんとか何とか言われておりますが、やはり人的資源の頭脳の優秀性、あるいは勤勉性、日本の我々が受け継いできた祖先からの良い風習、悪い風習、いろいろあります。現在日本ではいろんな批判はあるけれども、我々としては、やはりこの勤勉性というようなものは、我々が受け継いだ良い美徳であると思っております。殊に人間資源のみに今後頼っていくことになれば、私は人的資源の素質、しかも勤勉性というようなものは、今後一段と良い意味において活用されなければならないと、痛切に感ずるのであります。

将来、やはり文化の発展とともに、整った福祉的な社会を実現しながら、各国に劣らない、しかも順次、高度化する、国民の高い所得、しかもその安定性を保っていくことを実現しなきゃならないと思うのであります。

従って、産業構造の転換、あるいは経済成長の問題にしてもですね、私はこのところ、政府をはじめ、国民全般が十分考えて、どういうふうな条件において、今後の経済を建設していくかということが非常に重要であろうと思います。

＊VI-8 高等学校等進学率は1974年に90・8%と9割を超えた。

さっき申しましたように、日本は貿易によって立っております。従来何でもかんでも作ったものを売ればいい、外国に輸出すればいいというようなことも、今後はやはり考えなきゃならん段階に来ておると思うのであります。

従って日本は、やはり高い技術、高い頭脳による高度の生産を進めていって、安定した貿易もやっていかなきゃならないと思うので、これは質の問題と同時に、世界の要求する製品を、我々は今後、新しい産業構造で作り出していくと。しかもこれが国際的な競争力を持つものでなければならない、一般社会から希望される製品でなければならないと思うのであります。そういうことが実現されるならば、日本の貿易も、やはり安定し、世界から歓迎されながら、日本経済は繁栄していけるんじゃないかと感じるのであります。

なお、考えなきゃならないのはですね、産業構造の転換と言えば、何でももう資源を使うものはいかんのだと、公害を出すものはやめだというふうにはいかない。もちろん公害は、どのような産業からも排除しなきゃならない。これは最も重要なことであります。

しかしながら、ただ簡単に、資源国はどんどんやったらいいじゃないかというふうにはいかないと思うんです。現在までに、発展途上国だけでなく、世界に対して、日本は工業生産基地と。自動車にしろ、鉄にしろ、あるいは化学製品にしろ、その他もろもろの問題について相互依存で、やはり日本が供給する役割を見逃すことはできないと思うのであります。

殊に発展途上国等においては、工業化するといっても一朝一夕にいくのじゃないので、やはりいろんな問題で、特殊な資源材料は日本から供給すると。あるいは高度の部品は、やはり日本から供給すると。あるいはまた技術の協力をする、あるいはいろんな問題のサービスをするというふうな点が非常に必要であろうと、これも日本のやはり国際的な責任であろうと思うのであります。

そこで日本は、産業構造の転換と申しましても、国内においても、国際的にも、やはりただ単にハード面だけでなく、さらにソフトの面におけるサービスが非常に必要であろうと思うのであります。これは各国が発展途上国の開発に対するコンサルタントであるとか、産業上のいろんな技術協力コンサルタントというような問題もですね、非常に必要ではないか。

私も最近、いろいろな面で接触し、聞いたこと等ですが、例えば、アフリカのある国は、やはりいろんな点で国を開発したい。ついては、全体的に各種やりたいんだが、日本からこれ協力してくれないかというような問題も来ております。現在はそれには相当な人材がいるのでありますが、やはりそういう際には日本からはチームをつくって行って、その国の産業の、あるいは開発に対して、献身的に協力することは、日本の成果を上げ、信頼を受けるということで非常に重大なことじゃないか。

あるいはまたある国では、いろんな新しいプラントを入れたけれども、どんどんそれを動かしてるうちに、もうどうにもガタが来て、うまく動かなくなったという例もあります。こういう問題については、やはり行って部品の取り替えであるとか、機械の保守であって、そういうものも日本も大いに協力することが必要じゃないか。

あるいはまたある熱帯地方に、日本から相当精密なシステムを輸出して設置したけれども、何年か使っているうちに、もう機能を発揮するだけの精度を失ったというのがあります。こういうものも、彼らではなかなかできないのですから、そういう面のサービスも、日本は非常に細心にやる必要があるんじゃないか。

私考えますのは、現在日本は1億1000万人ほどの人口でありますが、20年経ち、25年経つうちに、これはさらに2000万あるいはそれ以上増えて、1億3000万なり、三千数百万人になるということであります。

日本は現在、これだけ人口が稠密《ちゅうみつ》なのでありますが、さらに1000万、2000万の人口をどこにどういうふうにして収めてやっていくのか、東京都のようなのをさらに一つも二つもつくるのか。将来考えると非常に大きい問題であろうと思います。こういう問題も、産業構造改造と同時に、やはり国際協力の面で、我々今から考えておく必要があるんじゃないかと。

さらにですね、油の問題で、日本は非常なエネルギー問題が大きくクローズアップしてきたのであります。このエネルギー問題は既に、何もここ数年に起きた問題じゃないので、日本の政府においても、もっともっと早くから考えられなきゃいかん。

原子力（＊VI－9）の問題にしてもですね、既に10年以上前に、政府ではこれは将来のエネルギーに使うということを、国是を決められたのであります。しかし、それが現状においてはまだなかなか緒に就いていない。よしんば石油を豊富に輸入できるとしても、現在の値段で輸入は約3億キロリットル弱であります。いろんなエネルギー、総合エネルギーとしてはさらに増えるかも分かりません。これが従来のような増加率で、ここ数年行った

＊VI－9　1956年に原子力の平和利用を定めた原子力基本法が施行。66年に国内初の商業用原子力発電として東海発電所の運転を始め、70年には大阪万博に送電して話題となった敦賀発電所・美浜発電所の2基も運転開始。第1次石油危機により、エネルギーの安定供給を図るためにさらなる導入が期待され、発電所の建設を円滑に進めるため立地自治体に補助金などを交付するいわゆる電源三法が74年に制定された。

日本原子力研究所東海研究所（1957年7月設置／現・日本原子力研究開発機構原子力科学研究所）の動力試験炉。1963年10月に日本初の原子力発電に成功した。
写真＝時事通信フォト

ら、一体いくらオイルダラーを、外貨を払うのか。今年でも、既に値上がりの余分なものを入れるならば、百数十億、百四、五十億の余分のダラーが外国に出ている。こういうことを来年、再来年と続けていくことができるのか、できないのかという問題です。

そこでやはりエネルギー問題は、日本としてはどうしても根本的に解決しておかなければ、非常に将来不安定であろうと思うのであります。そこで、近くは、やはり油の代替エネルギーとして原子力はどうしても取り上げざるを得ないのであります。

また、既に米国等においては、射程距離に来て今世紀中には必ず実現するという傾向にあります核融合とは、一体日本では将来どうするんであろう。あるいはまた水素の問題、あるいは政府が昨年来取り上げているサンシャイン計画（＊VI-10）等、一体国は、もっと格段の努力をもって、将来こういうものに確保するというだけの研究費、計画を確立する必要があるんじゃないか。

数年前ハーマン・カーン（＊VI-11）が来まして、日本に対して非常に将来明るいことを言ったのです。そのハーマン・カーンが、日本はエネルギーは心配することはないんじゃないかと。太平洋の水があるじゃないかということを私も直接聞いたのであります。皆さんもお聞きになったと思います。

最近、とにかく日本でもウランがない。ウラン鉱の確保に対して非常に苦労してるわけであります。ところが日本のある1カ所の四国の研究所において、海水からウランを取るという研究に取りかかって、小規模ながら、ある見当を付けたのであります。そこで政府に、とにかく海水からウランが取れることを日本が確保するならば、もうこれは［将来の

＊VI-10　1974年7月に始まった新エネルギー技術研究開発計画。太陽、地熱、水素など石油を代替するエネルギーの開発を目指した。

＊VI-11　ハーマン・カーン／1922～1983。米国の軍事理論家、未来学者、ハドソン研究所創設者。著書に『熱核戦争論』『超大国日本の挑戦』など。

エネルギー不足を」心配することはないのでありますから、これこそ研究には時間がかかるため、早く着手するようにとお願いしたのであります。

今度の予算で1億5000万円がついて、これは将来長い期間かかって完成するものと思いますけれども、とにかく海水からウランを取るというようなことは、国を挙げて今から時間をかけて研究しておく必要があるんじゃないか。もしも、太平洋の水からウランが取れると、しかも競争的な価格で取れるとなれば、日本は非常なエネルギーの安泰になってくると思うのであります。

のみならず、核融合等においても、日本はあまり研究はしていなかったのであります。ここ1、2年の結果から見れば、皆さんもご承知の通り、少なくも米ソに次いで、ほとんど日本の独力によって、核融合も実現できるかのごとき形勢に今なっておるので、今年も予算は、政府の方もだいぶ思い切ってつけられたのであります。

昨年度、この核融合について、いろいろお願いしたのであります。私は予算10億円とは非常に少ないと言ったのでありますが、これを研究する学者の人は、とにかく初めは、そんなにたくさんもらっても使い切れないから、これでもよかろうということであったのです。

原子力にしても核融合にしても、今後非常に必要なのは人材であります。これ頭でやっていくのですから、にわかにやろうと言っても人材の養成にはならないのであります。これは遅ればせながら、よほど政府も真剣に、我々もまた非常に真剣に、この問題に取りついていかなきゃいかんと。近く私はこういうものは完成するだろうと。

核融合の重水素にしても、三重水素にしても、海水から取れるのであれば、地球の資源が有限であるというけれども、やはり宇宙自然の原理っていうものを、もっともっと謙虚な気持ちで、我々は考えてみる必要があるんです。いろんな問題は、科学は探究し尽くしたかのごとく見えるけれども、決してそうじゃないと私は確信するのであります。

さらにですね、我々非常に現在困っておるというよりは、むしろ非常に我々として反省もしなきゃならん問題としては、一般社会の混乱であります。かつまた社会が、我々、経済界、あるいは企業体に対していろんな批判の目を向けておられることであります。

考えますのに、私は、現在の思想というのは、お互いに不信感が非常に盛んになった。誰も加害者じゃない、みんな被害者、総被害者であると。被害意識が非常に濃厚じゃないかと思うのであります。

非常に企業、殊に大企業は、全ての悪の根源のように言われております。しかし考えてみますと、政治と言わず、経済と言わず、教育と言わず、あるいはその他いろいろ問題を挙げてみてもですね、全てが責任を完全に負うというような情勢ではないんじゃないかと思うのです。

ご承知のように、この2月号の文藝春秋（＊VI-12）に、「日本の自殺」という題目で例の「グループ一九八四年」が記事を書いておられる。私はそれを拝見しまして、まさに日本の現状を、本当に的確に記述されておると思うのであります。

とにかく一般の問題もありますけれども、やはり私はですね、経済界は経済界、企業は企業として、他を言うことなく、この際は虚心坦懐に反省していかなきゃならんと思っておるのであります。

経済界も、戦後30年以上の混乱の中から現在まで来たのでありますが、言い換えるならば、非常に苦痛の困難な状況から一生懸命に企業をもり立てていくということに関心を集めたために、やはり周囲の社会の情勢、その他のもろもろのことから、心が去っておったんじゃないかと思うのであります。その結果が企業公害になり、あるいは環境問題になる。あるいはまた、一面、社会福祉の立ち遅れというようなことが起こってきたと思うのです。

しかしこういう問題が現在、非常に大きい問題になってきておりますので、我々もさっき申しましたように、被害者意識にならないで、最も重要な社会における機能を持っておる企業というものは、虚心坦懐にこれを一刻も早く改造したいと。

我々経団連も、各地の経済界の方々と会っていろいろとお話をすると、どうも我々一生懸命にやってる企業が全ての悪を背負わされているような現状は、どうも納得できないと。

経団連も一つ、こういう問題をもっと世間に訴えてくれないかという声があるので、私は、それはもっともであろうけれども、現状において我々、耐え忍ぼうではないかと。そして社会の信用を順次回復しつつ、やはり一般的な問題に触れていく必要があるんじゃないかと思うのであります。

そういう意味から、文春でですね、「日本の自殺」と、ああいうことになっては困るのであります。私は日本民族はそういうふうにはならないと思っておるけれども、ただなら

＊VI-12　『文藝春秋』昭和五十年二月特別号で、匿名グループの「グループ一九八四年」が寄稿した記事。ローマ帝国が繁栄するも没落していった過程になぞらえて、日本が政治的、経済的、社会的に〝沈没〟してしまうかもしれない（日本社会が自殺に向かって進んでいく）と警鐘を鳴らした。

1974年12月26日、土光敏夫経団連会長（中央）ら経団連首脳と、当面の景気政策などについて首相官邸で会談する三木武夫首相（左）。 写真＝時事

ないと思っているだけでは問題にならない。我々が努力して、そうでないようにしなきゃならんと思うのです。

ここにはいろいろと有力なる政府の方もおいでのようであります。何としてもやはり社会における経済企業体というものは、非常に日本社会における重要な役目を負っておると思うのであります。重要な機能であろうと思うので、我々も一生懸命やります。

我々が最も民主主義社会において要望しますことは、やはり各人が、自由、平等その他の問題で、勝手なことを言っておったのでは問題にならない。確かに、各人が考えること、その他を十分発表するということは、最も良いと思う。必要であろう。

これをどうまとめていくか。現在は、日本の国内社会に会話がない。議会等においてもいろいろと議論されるけれども、これは話が通じない、結論が出ないというふうに感じるので、やはり、今度新しい三木総理が、非常な決意をもって、姿勢を正して、国政にあたられるのであります。

我々期待しますのは、正しい権威のある、権力でなく、権威を持った政府になっていただいて、いわゆる正しいことを国民全般に言っていただくということであろうと。

余談になりましたけれども、この50年の経済というものは、私は非常にこの難しい経済、またこれに続く新しい日本経済に対して重要な第一歩であろうと思いまして、せっかく全国からお集まりの皆さん方に、甚だ不備な、私の意見を開陳いたしまして、皆さんのご批判を仰ぎ、かつまた大いに日本のためにやっていただきたいと存ずるのです。ありがとうございます。

VII

1977年2月21日

新自由クラブ代表

河野 洋平

Yohei Kono

写真＝時事

河野 洋平（こうの・ようへい）

1937年神奈川県生まれ。父は建設大臣などを務めた河野一郎氏、叔父は参議院議長を務めた河野謙三氏。丸紅飯田株式会社（現・丸紅株式会社）を経て、67年から衆議院議員。自由民主党議員となり、文部政務次官も務めるが、76年6月同党を離党した6人で新自由クラブを結成する。

本講演後、83年連立政権に参加し、中曽根内閣で科学技術庁長官（85年12月〜86年7月）。86年復党し、宮澤内閣で内閣官房長官（92年12月〜93年8月）を務め、従軍慰安婦問題を謝罪した「河野談話」を出すなど、アジア外交を重んじた。野党としての自由民主党総裁を経て、連立政権の村山内閣で外務大臣（94年6月〜96年1月）・副総理（94年6月〜95年10月）、小渕内閣・森内閣でも外務大臣（99年10月〜2001年4月）。03年から衆議院議長（在任2029日）。09年政界引退。

本講演について

自由民主党を離党し1976年6月に新自由クラブを立ち上げた河野氏が、77年2月21日に、結成に至る経緯や政策について講演したものである。

新自由クラブは76年2月ロッキード事件発覚後、河野氏の他、田川誠一氏、西岡武夫氏、山口敏夫氏ら国会議員6人で政治倫理の確立を訴えて旗揚げした。同年12月に行われた衆議院議員総選挙では17人が当選。国民からの期待が高まっていた。

一方、米国では77年1月に民主党のカーター大統領が誕生。76年12月に発足した福田（赳）内閣との間で、新たな日米関係が始まるタイミングであった。

1977年2月21日講演

こんにちは皆さん、河野洋平でございます。こんなに大勢のお偉方がお揃いの前でお話を申し上げるようなとても資格もございませんし、その責めを果たすことができるかどうか心配をいたしておりますが、せっかくのお招きでございますので、大変厚かましくも出てまいりました。

私最近考えておりますことを、数点申し上げまして、もしご参考にしていただければ大変幸いだと存じます。今大変過分なご紹介をいただきまして、恐縮いたしておりますが、ご案内の通り、私にとりまして

1976年6月25日、自民党に離党届けを提出した後、離党声明を発表する河野洋平氏（前列中央）ら6人の衆参両院議員。 写真＝時事

は、9年半在籍をいたしておりました自由民主党を昨年6月、離党させていただきました。

新しい政治集団をつくりました。それと申しますのも、今国際的に見まして、もう国際社会、それぞれの国がそれぞれの国に影響をし合って、そして、文化、社会、経済、政治、いずれの面を見ましても、その変化の傾向はおおむね同時進行と申しますか、シンクロナイゼーションと言われる、そうした状況になっているように思えて仕方がありません。ヨーロッパの国々が、もう多党化の傾向を示し、そして与野党は、1票差、または7票差、8票差という際どい状況が各国で続出をしておりますし、あるいは大連合が一方であるかと思えば、諸党分立が一方である、という状況がヨーロッパでは続出をいたしております。

アメリカにおきましても、有権者は、例えば州知事に共和党を投票しても、下院議員には民主党に入れる。あるいは上院に、共和党の人を投票した人が、大統領選挙ではカーター（＊Ⅶ-1）に入れるなんていう、様々ないわゆる有権者から見たクロスボートのような

＊Ⅶ-1　ジミー・カーター／1924〜。第39代米大統領（在職77年1月〜81年1月）。民主党。人権外交で知られ、2002年にノーベル平和賞を受賞。

ものがどんどん出てきております。日本の国内でも地方選挙レベルでは、そうした状況がかなり顕著に出てきました。

市長選挙では、革新陣営の推薦による市長に投票することがそう抵抗もなく、あちこちで起こっております（＊Ⅶ－2）。例えば、岡山県、あるいは神奈川県下でもいくつかの例が見られます。そうした状況の中で、国政レベルだけが長い間、とにかく20年を超える長い期間、自民党とそして社会党を頂点とする革新野党との対決、対立というパターンがずっと続いてまいりました。

そしてずいぶん長い間それは続いた。しかしそれは何回もの選挙によってオーソライズされてきているのだからいいのだ、国民はそれを支持しているのだからいいのだ。こう言いながら、私どもも自民党員としてやってまいりました。

しかしふと考えたときに、今のシステム、とりわけ国政レベルの今のシステムというものは、政党の側から示されたメニューの選択をするだけしか有権者には選択権がない。従って、国政レベルの政党が、いつまで経っても自民党と社会党と二つしかなければ、国民の選択は、どちらかにしか行かないわけですから、それが長い間続くというのは当たり前のことだと。

天ぷらそばかライスカレーかという二つのメニューしか与えられなければ、どちらかといえば、おそばがいい、どちらかといえばライスカレーがいいというだけの選択。そして二つのメニューを与えて、いつもライスカレーが国民から支持されておるからと言って、ライスカレーがあぐらをかいていていいはずはない。

シンクロナイゼーションという状況が現れてきて、もうずいぶん経つわけでございますから、それを考えますれば、もう政治の状況の中にも、そうした状況が必ず出てきて不思議はない。ご案内の通り、日本国内では、例えば日本人の歌い手さんが歌ったレコード、日本のレコード業界の方のお話を聞きますと、一番たくさん売れたのは森進一のレコードだと、こう言われています。

これはもう日本人の歌手の中で最もたくさんレコードを売った人は森進一と。しかし、日本のレコードの中で、つまり外国人の歌手まで入れて一番たくさんレコードが売れたのは誰かと言えば、これはもう問題なくビートルズだということになっています。

＊Ⅶ-2　社会党や共産党など、革新政党の支援を受けた候補が選挙で選ばれ首長となった自治体を「革新自治体」という。高度経済成長に伴い大都市部で公害が悪化した60～70年代、反公害や福祉を掲げた革新系知事や市長が埼玉県、東京都、神奈川県、横浜市、大阪府などで次々と誕生。だが財政を悪化させ「ばらまき福祉」との批判を招いたことや、路線対立で社会党と共産党の選挙協力が難しくなったことから、次第に革新自治体は姿を消していった。

私自身もビートルズを聴いて育った世代でございますけれども、日本にはもう相当にビートルズを聴いて育った世代ができてきております。ビートルズ聴いて育った世代があり、あるいはプレスリーを聴いて育った世代がございますけれども、また最近はビートルズブームになってまいりました。私事で大変恐縮ですが、私の子ども、中学生はもう今やビートルズに夢中。私はそんなこと経験はありませんけれども、子どもはヘッドホンを着けて、居間にひっくり返ってビートルズを聴いている。

つまり、相当にやっぱりイギリスの歌手、イギリスのリズム、イギリスの音楽に影響される若者っていうのは相当増えてきていると思う。一方的に日本がイギリスのリズムに影響されているかと言えば決してそうとばかりは言えないでしょう。

帝国ホテルでプレタポルテの発表会があるようですけれども、一方新聞は森英恵さんがパリで立派な作品を発表して、パリのファッションに何らかの影響を与えるであろうということを報じていますし、あるいは津軽三味線がブタペストで好評を博したという新聞の記事もございます。

あるいはボストンマラソンというと、ボストンの方々の中には、きっと和太鼓の音を思い出される方も少なくはないと思います。そういうふうに、文化の面でも、世界各国はお互いに影響をしつつされつつの状況が現実にございます。

皆様方もうプロでございますが、例えば経済の動向を一つ取ってみましても、アメリカの失業者800万を超える、日本は労働省発表120万とか何とか言いますけれども、おそらく企業内のアイドリングを換算すれば250万と言っても決してオーバーなとは言えない数字になっていると思います。

そういうふうに失業の進行、その他どれを取ってみても、西ドイツでももっと激しい深刻な状況が出ているでしょう。国際的に同じような状況が同じように進行している中で、政治だけが別であって、日本の国政だけは全く安定をする、安定どころか固定しているのだ、こう見ていいはずはないと私は実は考えております。

与えられたメニュー、あてがいぶちのメニューの中から固定を求めるというのではなくて、もっと国民の意識の上に、きちっと安定して座れるような国民意識をきちっと引き出して、そしてその意識の上に安定をつくる。流動の上に安定をつくる、そういう政治が必要なんだと。

国民の意識の変化とは無関係に、現状を固定しようとしていけば、必ずどこかで大きな陥没がやってくるに違いない。流動の上の安定をこそ求めなければいけないという、私どもの気持ちがございました。それが、自由民主党を離党して、思い切って新しいメニューを提示する。そしてその新しいメニューは、国民意識の変化をできる限り敏感に感じ取って、味付けも少しずつ変えることができるような流動的なものにしておきたい。

ただし、バックボーンは外さない。日本の歴史、文化、伝統、そういったものを踏まえて、漸新的な改良改善を考えるという、いわゆる精神においては保守的な、という言葉がいいかどうか分かりませんが、あえて申し上げれば、かつて正しい意味で使われていた頃の保守主義というものを我々のバックボーンとして持つべきだと。

私はなぜ、若干こだわって、こういう言い方をするかといえば、私どもは離党宣言の中に、もう保守とか革新とかいうやり取りでは、決して国民の意識を支えることはできない、つなぎ止めることはできないということを繰り返し言ってまいりました。保守・革新、そのどちらに属するかなどということが問題だと私は今思いません。そしてなお、今日の保守と言われるものも革新と言われるものも、極めて曖昧な概念になってしまっていると思います。

そこであえて、我々の考え方は、日本の歴史と伝統文化を踏まえ、そして漸新的にそれを改良する改良主義だ。しかしその改良のためには、その方法手段は相当、今のような生ぬるい、なあなあの、惰性の上にただあぐらをかいているような国政の動きではなくて、時には身を捨ててでも、思い切った行動を取るというぐらい、改革に勇気を持つ方法を取りたい。こう考えておりました。私は思い切って身を捨ててと申しましたけれども、決して青嵐会（＊Ⅶ-3）のように血判を押したりという意味ではございません。時として大胆な政治行動を取らなければならんことがある、という意味でございます。

そう考えて私どもは昨年6月の25日に自由民主党を離党いたしました。時間的に早過ぎる、党内改革の余地は残っていないか、様々な議論がございました。しかし私どもは昨年の6月に、当時我々の衆議院議員としての任期は12月までしかないということを考えれば、今離党して任期満了の選挙になったとしても、我々の気持ちを国民のできるだけ多くの方に伝えるためには、もう時間は5、6カ月しかない。我々にとって、つまり飛び出した6人にとって有利か不利かではなくて、できるだけ多くの方々にどうやってアピールするかということを考えなければならんと考えて、時間は決して早くはない、むしろ遅きに失していると思いました。

＊Ⅶ-3　日中国交正常化に反発し、1973年に石原慎太郎氏ら自由民主党議員が「青嵐会」という政策集団を結成。結団式で血判が交わされた。

飛び出した６人、６粒の麦は、地にまかれて、私は17人、18人になったと実は思っております。６人の考えは、一つの選挙を通じて明らかに２３０万を超える共鳴者を得たというふうに私は考えています。そしてさらに最近の朝日新聞の世論調査を拝見をすれば、その支持率は13％と書かれておりますから、私はさらに多くの共鳴者を得ておる。それが現実に選挙の時に投票になって表れるかどうかとは別に、我々の行動、我々の主張に対する共鳴者はさらに増えたというふうに私は実は考えておるわけでございまして、それは我々の目的、狙いの一つであったというふうに私どもは考えております。

私は負け惜しみで申し上げるのではございませんけれども、ご商売をやっておられる方は大変うらやましく存じます。それは何と言いましても、物ではないよ、心だよと政治家などはこの頃気安く申しますけれども、そう簡単に言えるものではないように思います。

確かにその考え方は、物だけではない、心も大いに問題なのだと私は思います。しかし、豊かな心をつくることが今一番大事だ。言うは易しいけれども、実際にこれほど難しいことはないんじゃないでしょうか。つまり、心というものは測れない。数字で換算できない。数字で換算できないものをどうやって豊かになったとか、豊かにならないとか、今貧しいとかいうことが言えるんでしょうか。私も大学を出て、サラリーマン生活をさせていただきました。丸紅に勤務をいたしまして、丸紅の本社経理にしばらく奉職をしておったことがございます。その当時、毎月のように月末には残業をして、月次決算、慣れない手つきでそろばんを弾いて数字が多い少ない、ずいぶん苦戦をした記憶が生々しくございます。私は今政治家になりまして、つまり政治の世界ってのは月次決算もなければ、売り上げが前年度比増えた減ったという計算もできない、大変苦しいものであると実は考えております。

数字で長さが表現できる、あるいは面積が表現できる、重さが数字で表すことができるというご商売、ご職業というものは、もちろん大変つらいこともございましょうけれども、割と第三者に対して説得力がある。前月比これだけ増えた、前年度比これだけプラスがある。あるいはこれだけ赤字だからこうしなければならんと、説得力は極めてきちっとございます。比較すべきものが数字であるからです。

しかし政治というものは、前年度比どうかなんていう比較はなかなか難しいものでございます。前月比の比較などは、もうとんとできません。予算について、前年と比べてどうなっておる。福祉予算はいくら増えた、文教予算は減った、伸び率が減った、その程度の説得力と説明はできますけれども、一体昨年と今年の政治が良くなったか悪くなったか、というのは何で説明をすればよろしいんでしょうか。どうやって説明をすれば、あらかたの方々の納得が得られるんでございましょうか。これはなかなか私どもにとりましても難しいものでございます。

東大の京極先生（＊Ⅶ－4）をはじめ学者の方々が計量政治学という学問を大変進めていらっしゃいます。私どもにとりましても、そうしたものに大変魅力がございます。何か計量できないものだろうか。弱い心が私どもにもございますから、何か数字で示す、グラフで示すことができれば、説得力がつくのになという気がいたしますけれども、一方で、政治というものが、豊かな心をつくり、豊かな社会環境というなかなか数字で表現できない、そういうものを支えるものであるとするならば、私どもはもっと別な政治に対する評価をいただかなくてはならない。こう自分で自分を一生懸命説得をしているわけでございます。

もちろん日常生活の中には数字で評価できない、円では決して換算できない、しかし大切なものがたくさんございます。友情ですとか、愛情ですとか、信頼ですとか、あるいは健康ですとか、なかなか数字で一概に表現できない。数字で表すことはできないけれども、大変大事だ。つまりそれがなければ、日常生活が決して組み立てることができないというものがございます。

政治も、ある部分そういうことが言えるかも分かりません。しかし、そうした中で、つまり最大多数の最大幸福を考えて政治は進まなければなりません。一体何が最大多数であるか、何が最大幸福としての説得力になるのか、そんなことを考えながらやるためには、もっと多くの試行錯誤が必要ではないのか。

民主主義というものは確かに多数決が原則でございますけれども、その多数決の原則の前に民主主義とは、多様化である。様々な意見が寄せられることが民主主義にとって最も大事な大原則であろう。その多様化というものが今までの保守・革新、二大勢力の対決対立という中からは、なかなか見いだすことができなかった。

そこに我々は、新しい対応の仕方、あるいはもっとバラエティーに富む国民の皆様方の意識を引き出し、顕在化させる役割を果たしたい。そのように私どもは念願をいたしました。内村鑑三先生（＊Ⅶ-5）のご本の中に、親が子どもの頭を撫ぜながら、坊やいい子だ

＊Ⅶ-4　京極純一（きょうごく・じゅんいち）／1924～2016。東京大学名誉教授、政治学者。選挙の投票行動を研究し、統計学の手法を駆使して新分野を開拓した。

＊Ⅶ-5　内村鑑三（うちむら・かんぞう）／1861～1930。明治の思想家。日露戦争に反対し平和を訴えた。

な、大きくなったら何になる、と無造作に聞く、この一言が日本の将来を危うくすると、内村先生は指摘をしておられます。

大人の方は何気なく聞くんでしょうけれども、聞かれた子どもの方は、僕の大好きなおじいちゃんから何になると聞かれたから、僕は大きくなって社長になって、お母さんを連れて外国を旅行するんだと胸を張って子どもが答えたとすると、それがずっと胸の中に残った子どもは、おじいちゃんに僕は約束したんだ、社長になるんだ社長になるんだ社長になるんだという自分の一言で、自分の行動というものが拘束をされる。制約を受けて、中学に入るときにも高校へ行くときにも、あるいは社会人になっての対応、身の処し方も社長になることが目的、となる。

内村さんはなぜかと言えば、人間にとって大切なのは何になるかではなくて何をするかだ、という非常に単純な結論をそこに書いておられます。とりわけ、私ども政界に身を置く者は何になるかが大切ではなくて何をするかが大切だ、と自分を諌めながら、日々政治に対処したい、こう考えながらやってまいりました。一体何をするのか、私どもにとって、なさねばならぬものは何だ。その一つは、政治に無関心になった、政治に絶望した人たちをもう一度政治に関心を持たせるという仕事が我々にとって大事な役割だと、こう考えております。

ご案内の通り、自民党をはじめとして各政党の支持率はいずれもそう高くはありません。自民党といっても30％台、社会党さんは20％台でございます。

今や支持政党なし（＊Ⅶ-6）グループが40％、という、つまり何党を支持するグループよりも大きなグループとなって、支持政党なしグループというものが存在をいたします。かつて多くの人たちは、支持政党なしグループというのは所詮もう政治に見切りをつけてしまった人たちだから、これはもう切り捨ててしまっていいんだ。どうせ選挙の時にも、棄権しちゃうんだし、この人たちのことはもうこれっきり考えなくていいのだ。こう見切りをつけてしまったこともございます。

しかし、最近はそれがそうでないということがはっきりしてまいりました。支持政党なしグループの中には、支持政党ありと答える人よりも遥かにはっきりした政治主張を持っている人がたくさんいる。自分は自民党を支持してますという人は、自民党の政策政治姿勢を支持している人も多く、大多数でございましょうけれども、中には就職の世話をして

＊Ⅶ-6　どの政党も支持しない無党派層のこと。ロッキード事件の影響などで、有権者の政党離れが進んだ。候補者の顔触れや争点次第で投票行動を起こし、時には組織票を圧倒する存在となる。

もらったからとか、入学試験に面倒を見てもらったから、あの人が所属する自民党を支持すると、はっきりおっしゃる方も少なくはない。

むしろ支持政党なしグループの中には、もっと明確に政治的主張を持っておって、自分はこういう政治的主張を持っているけれども、何党もそういう主張に耳を貸そうとしないから、支持すべき既成の政党がないということで、支持政党なしグループに身を投じておられる方はたくさんいる。

そういうはっきりした政治的主張がありながら、支持すべき政党が見当たらないために、支持政党なしグループに加わっている人がだんだん増えてきている。その数が30%を超え、40%ということになれば、それは無視するわけにはいかないだろう。そういう人たちをもう一度、何かの希望を持って政治に目を向けてもらうという役割を私たちは果たしたい。そう考えて、ずいぶんとそれなりの努力をしてきたつもりです。

4年前の衆議院選挙に比べて、昨年の衆議院選挙はやや投票率が全体的に上がりましたけれども、私ども新自由クラブの当選、もしくは当選に準ずるような成績を上げることができた18、19人の仲間の立候補した選挙区について言えば、4年前に比べて5%近い投票率は上がっています。

やれば必ず多くの人たちの関心をもう一度呼び覚ますことができる、ということを私どもはそれなりに感じました。もう1回やってみよう。こういう気持ちが私どもにさらに強く湧いたのは当然のことでございます。しかし、5人、衆議院議員、現役5人でございました私どもが選挙後、推薦候補を交えて18人の勢力になって、国会の中で一応まだ完全ではございませんけれども、一応市民権を得るというところまでこぎ着けることができました。

これからが私どもにとって正念場でございます。どういう政治行動を取ればいいのか、日々大変悩みが多くございます。一昨日の補正予算案の採決の際にも、私どもは部内で相当な議論がございました。我々が主張した1兆円年度内減税という1兆円減税要求、これが補正予算の中に何ら織り込まれていない。

選挙公約からの一貫性を考えれば、我々の主張が盛り込まれていないものに賛成をすべきではないという議論と同時に、これは新自由クラブが選挙後初めて大事な案件についての最初の意思表示、それが自民党と同じ態度というものではと、もう将来、いろいろ問題が起こるのではないかと。これは非常に象徴的な意思表示の場なのだから、もし反対の議論があるとするなら思い切って反対すべきだという部内の議論もございました。

しかし、私どもは政治というものは、与えられた前提条件の中における最善の選択なんだと考えれば、人事院勧告に伴う給与の改善、あるいは災害対策、公共事業関係、今一番問題になっている景気回復という大きな問題に、どう我々が処することがプラスになるか、ということを考えなきゃいけないと。我々は52年［１９７７年］度予算にも１兆円減税を要求をしておる。この１兆円減税は相当無理なことは分かっている。分かっているけれども52年度の予算に１兆円の減税をどうしても盛り込むという我々の強い主張は、それはもういろいろな問題はあるとしても、景気回復を最優先すべきだ。その我々の主張から言えば、今この補正予算を潰すことは、矛盾が出てくるかもしれない。そういう気持ちもあって、補正予算には賛成をいたしました。しかし、51年度補正予算に対する我々の賛成の意思表示は、52年度の１兆円減税に対する我々の主張の要求の強さを示すものだというふうに、皆様方にはぜひお受け取りをいただきたい。

野党５党は、今日の午後から集まって、１兆円減税についての具体的な戦術を５党間で議論をする、１回目の会議が始まります。それは相当厳しいやりとりになると、私どもは考えております。私どもは２月冒頭、先例から言えば少しむちゃなとも思える、組み替え動議（＊Ⅶ-７）を提案するべきだと私が冒頭の代表質問の中で提案したのは、これはいろいろな意味があります。

一つは、確かに、予算審議が始まらない前から組み替え動議を要求するなんていうことは、大変にむちゃではないか。十分議論をした上で、どうしても納得ができないならそこで組み替え動議を出すべきではないか。というのが本当の筋論であることを私は百も承知をしております。

しかし、日本の国会というものは、もうここ何十年にわたって、つまり大蔵省が提案、政府当局が提案をしてきた予算案について、いろいろな角度から問題はないかをチェックしたあげく、もう大体原案通り成立をする以外に物理的に時間的余裕がないというのが、大体の状況だと思います。

翌年度の予算案は前年度12月末までに作り上げろということが、財政法の中に、これを常例とするということが書いてあります。しかし、12月中に予算案作成というのは、おそらく皆様方のご記憶の中にもそう多くはございますまい。数回あったかどうかというところではないでしょうか。常に予算案は前年末に出すことを常例とするという法律の建前を

＊Ⅶ-7　予算組み替え動議。提出された予算案を撤回、編成し直すことを求める提案。大幅な修正が必要とされる場合に出される。

超えて、いつでも、年を越して1月にかかって、予算案は出来上がる。そして国会にかかってまいります。予算の執行をなるべく4月の冒頭からスムーズに行おうとすれば、なおかつ衆議院参議院両院で審議をしようと思えば、あれだけの膨大な予算案というものを、およそ1カ月間、あるいは45日程度で審議をしなければならない。

しかもその審議は、かなり形式的に固まってきて、何日間の分科会、何日間の公聴会、何日間の総括質問、何日間の一般質問というふうに、非常に形式的に固定化されてきておりますから、問題の把握と同時に、これをどう組み替えるか、どう修正するかなどということは、なかなか物理的に困難な状況に現実になっている、という問題がある。

そこで私どもは、第一の提案として、立法府と行政府というものは一体それぞれの立場をどう考えるか。一体立法府とは何なんだと。国会とは何なんだ、行政府の役割とは一体何なんだっていうことを明確にしてほしい。そろそろ明確にしようではありませんかという提案を、実は先日したわけです。

私どもは、国会というものは、国の基本について、例えば政策の優先順位であるとか、あるいは来年度予算の基本的な方針というものは、国政レベルで決めるべきものだと。そして、骨組みを決め、優先順位を決めたらば、後は行政がその細かい貼り付けをみんなしてほしい。

そうやって作り上げた予算案であれば、1、2、3月の3カ月もあれば十分審議は可能だ。しかし、全く野党のくちばしを差し挟む余地もなく、本年度予算について言えば選挙という事情もございましたけれども、選挙前、異様な雰囲気の中で、つまり何を入れることが、選挙戦にプラスであるかマイナスであるかということを勘案した概算要求が出来上がり、選挙を終えた後、バタバタとした状況の中で作った予算案、この中には野党に対決する姿勢はあったとしても、野党の意見を聞いてというものはほとんどない。

そういう状況の中で、党首会談をやったではないかとか、いろいろセレモニーはございましたけれども、根幹が変わったという話は全く聞いておりません。そういう状況の中で、2月の初旬に提案された法律案が衆参両院を通って、3月末までに綺麗にそのセットができて、4月1日新年度から、景気対策を含めて予算がスムーズに執行するということは非常に難しい。事ここに至れば、先例などにこだわらず、思い切った提言が行われて、思い切った形の予算審議が必要ではないかと。

今の予算審議の状況からいけば、おそらく3月の半ば近くなりますでしょう。衆議院でスムーズにいったとしても、今までの過去の例を振り返って考えますと、3月の15日頃に衆議院で予算が成立となれば、参議院は約1カ月、審議をかけるということになって、4月の半ば、そうなると暫定予算も半月は必至という状況。我々が念願としておった、景気回復のために半月間のずれというものは、やっぱり問題がある。心理的な影響というものもございましょう。

ということを考えれば、ずっと審議をした結果、駄目だから組み替え動議を出す。組み替え動議が仮に出されている。野党で話がつけば今はもう25対24で可決することははっきりしてるわけですから。組み替え動議の提案が可決されれば、それから政府はもう一度持ち帰って組み替えなきゃならん。その作業が、何十日というのはオーバーかもしれませんけれども、10日やそこらはかかるだろう。

それだけ予算の成立がずれ込んでいく。これは景気回復のために決して好ましいことではない。思い切って、冒頭から組み替えの必要を説き、政府をして組み替えの準備をさせる。そういうことが必要であろうということも含めて私は少し大胆な提言をしたわけでございます。

それらについてはその他いろいろ状況がございますが、ご賢察をいただくことといたしまして、私どもはこれから先、1兆円減税に向けて、様々な野党間の相談があると思います。今朝の新聞などを見ますと、税額控除その他の方式を考えろとか、様々なマスコミ主導型とも思えるような記事が出ておりました。

しかし、実は私どもは、税額の控除方式は好ましい方式だと思っておりません。つまり12分の1ずつの減税、毎月12分の1ずつ減税をされていくという方式で一体、景気刺激というものがどのくらい効果を上げるだろうかと、私どもはやっぱり相当な躊躇を持たざるを得ないからでございます。

私どもはあくまでも、景気回復のためなんだということで、新自由クラブは一貫をしておりますし、不公正税制の是正ということも、将来の問題として、やらなければならん問題であることは私どもは認識をいたしております。

しかし、それらを全部交えて、1本でやろうということには少しこだわりがございます。あくまでも今は景気回復に絞って、問題の提起をし、問題解決を図りたい。従って、景気回復用の減税であるならば、一方で増税をするということは、効果を激減させるものになるんじゃないかと。

一方において景気回復用の減税をしてみても、一方で増税を、その財源として増税をするということになれば、やはりその部分は景気回復にとってはマイナスの寄与しかしないことになると。これは景気回復策として得策ではないのではないかと。

あるいは、今申し上げたように税額の控除という12分の1ずつの減税ということであれば、景気回復用の減税としては、その効果はあまり高くないのではないかと私どもは考えております。あまり今、あちこちに目をキョロキョロしないで、思い切って景気回復策として1本に絞って、今日は野党の相談事に臨んでほしい旨、政策委員長に打ち合わせで指示をして、ここへ参りました。

しかし、野党間それぞれの、相当激しいやりとりがあると思います。私どもは、どうしても我々の主張は筋が通ったものだと考えておりますから、我々の主張を何としても貫いてもらいたい。ということを政策委員長にお願いをして、今日ここへやって参ったわけでございます。専門家の方々が、様々な角度から様々なご主張がございます。

私は実は昨日秋田に行っておりまして、商工業関係の方々お集まりの席でもいろいろお話をしてみました。秋田県行ってみますと、公共事業は大変結構なことでございます。しかし、公共事業1本に絞られた場合には、岩手県と秋田県では、公共事業による効果というものは相当差が出ます。岩手県はやっぱりいろいろな計画がございますから、公共事業によるメリットは相当多くございます。しかし、秋田県のメリットは、岩手県に比べると非常に少ない。そういう地域間格差というものがやっぱり感ぜられると、秋田県の方は盛んにおっしゃいます。

産業間の格差もそうだと思います。私は公共事業1本に絞って景気対策をやった場合に、この地域間の格差、産業間の格差っていうものを、一体どうやって埋めていくか。あるいはまた、本年度の公共事業にしても、地方自治体の財政状況から見れば、決してスムーズにそれが執行されているとは言えない状況だと新聞は伝えています。公共事業の執行状況は八十何%と報じられています。今、全国各地の地方財政の逼迫《ひっぱく》ぶりを考えますれば、公共事業1本に絞った場合に、果たして総理、大蔵大臣はじめ、当局がお考えになっているように、スムーズな執行ができるかどうか、ということにも私は若干の危惧を感じざるを得ないのでございます。

私どもに他意はございません。ひたすら、景気回復のために、そしてそれは福田さんがおっしゃる、健全財政が一番大切だということに私は異論を持ちません。国の財政が健全であることは我々の喜びでもありますし、最も安心感の持てるものであることに、私は何の異論もありません。

しかしそのプロセスは、国の健全財政を主張するあまり、1件1件の家計が不健全に陥っていいということにはならない。あるいは1件1件の企業の決算が不健全になっていいということにはならない、と私は思うんです。願わくば、家計も健全であり、企業の状況も健全であり、国家の財政も健全でなければならない。その順序は、国家の財政の健全化を急ぐあまりに、倒産件数をこれ以上増やしていいということには決してならん。

今まさに、経済の高度成長から安定成長への構造を変えなければならん時代、この構造を変革させるためには、やはりいろいろな問題が出てくるはずでございます。そのために、倒産件数が増えるということは、政治的には決して許されるものではない。

私は学者の理論とか評論家の方々が、倒産件数が、こうやって倒産していく方が、経済の構造改善にはいいのだと、学問的に、あるいは野次馬的におっしゃることは、それはご自由でございます。しかし政治的に、潰れていって自然に構造が改善されるなどということを念頭に置いて、今日の状況を傍観することは許されんというふうに私は思っております。

国家の財政を健全にするという福田さんの終極の目的は、私も異論はありません。しかしそこに到達するためのプロセスに私は大変危惧を持ちます。と同時に、国際的に見ても、アメリカをはじめ、先進諸国が果たさなければならない世界的不況を克服するための役割が、今のような状況で果たして果たし切れるかどうかということについて、おそらく、国際的な様々な日本に対するアピールがこれから出てくる可能性はないんだろうか。ということについても、私は危惧の念を禁じ得ません。

そうしたことを考えるだけに、私は、52年度予算については新自由クラブは若干、頑なだとお叱りをいただくぐらい、頑なな態度をとっていく。そういうことになるかもしれません。将来にわたって皆様方からお叱りをいただき、あるいはご注意いただくような場面があるいはあるかもしれませんが、その節はどうぞ一つご遠慮なくご注意、ご忠言を賜りたいと思います。

私どもは、何の私的な感覚を持っているわけではありません。ただひたすら、どの党よりも広く全国を私どもの仲間は多く回って歩き、多くの方々と話し合いをした結果として、ここは一番大事なところだという、肌で感じた実感から、我々はこういうことを申し上げている。しかし他の党よりも、こうした東京の立派なホテルでお偉い方々と会う回数は決して多いわけではございませんから、皆様方からまた角度も違ったご指摘、ご批判をいただくこともまた大変大切なことだろう、こうも考えます。皆様方から、後刻あるいは後日ご注意ございますれば、喜んでそうしたご注意を拝聴をさせていただきたい、こう考えておるのでございます。

時間もございませんが、もう一点付け加えさせていただきたいと思いますことは、これから先の状況についてでございます。今年私はこうした会合にお招きをいただきますと判で押したように、こういうことを申し上げております。

１９８０年という年を目指して我々は緊張し、あるいは思い切った政治行動を取り続けていきたい。

ご案内の通り１９８０年という年は、アメリカの次の大統領選挙の年でございます。１９７６年つまり昨年当選をしたジミー・カーター氏は、８年間続いた共和党政権を民主党政権に塗り替えました（＊Ⅶ-８）。共和党政権から民主党政権に塗り替えたカーター政権が、おそらく最も積極的に民主党色を出し、カーター色を出してくるのは１９８０年であろうと。つまり次の選挙戦を前にしてのことであろう。

そして共和党もおそらく１９８０年、つまり次の大統領選挙を目指して思い切った挑戦者として新たな政策提言を行うであろうと。１９８０年とは、そうした意味で、政策的にアメリカの国内は沸く年になるのではないかと。

この１９８０年にアメリカはアジア政策についても相当な議論が行われる可能性があ

る。そのアジア政策の中に、これはよく分かりません、私の推測でございます、あんまり権威はございませんけれども、私の推測として付け加えさせていただくならば、日米安保条約が改定をされて1980年という年はちょうど20年目に当たります。

途中でいっぺん改定をされた安保条約、いわゆる改定安保の20年目が1980年。もちろんご案内の通り自動延長でございますから、別に20年目だからといってどうということではございません。しかし、マスコミの方々をはじめとして、大体この手のものは10年目、20年目というのは一つの折り目だよ、節目だよと言って、マスコミの企画に必ず登場するのが例でございます。

アメリカにも依然として安保ただ乗り論（＊Ⅶ-9）をはじめとして様々な議論が残っているわけでございますから、1980年のアジア問題について日米安保条約が一つのテーマにならない保証はない。そのことはやっぱり我々は頭のどっかに置いておくべきではないかという感じがいたします。

＊Ⅶ-8　ニクソン大統領（在職1969年1月～74年8月）、フォード大統領（在職74年8月～77年1月）と2代共和党政権が続いていたが、1976年の大統領選挙で民主党のカーター・元ジョージア州知事が勝利した。

＊Ⅶ-9　日米安全保障条約が米国の日本防衛義務を定めている一方、日本が応分の負担をせずに経済を発展させているという「安保ただ乗り論」が米国内で高まっていた。

1978年8月12日、北京市の人民大会堂で日中平和友好条約に調印する園田直外相（前列左）と黄華・中国外相（同右）。 写真＝時事

一方目を転じますと、中ソ同盟条約（＊Ⅶ-10）というものが一方にございます。中国とソ連による同盟条約、これは二大共産主義国が手を携えて、帝国主義、自由主義陣営に対抗する。中でも自由主義陣営の先端の役割を果たした日本に対しては、国連の旧敵国条項なども引用して敵視する条項が入っているとかいないとか、いろいろな議論があった中ソ同盟条約でございます。

この中ソ同盟条約はその期限30年、30年経って両国が黙っていればもう5年延長するよと確か書いてあったと思いますが、いずれにしても中ソ同盟条約の期限30年、それがちょうど１９８０年が期限でございます。今から二十数年前、米ソ関係、米中関係というものが極めて冷たかった時代、そして中ソの関係が極めて親密であった時代につくられたこの中ソ同盟条約が、あと3年間、つまり1980年までに、米中接近は相当進むでしょう。日中の平和友好条約も締結をされる可能性（＊Ⅶ-11）、私は極めて濃いと考えています。日中の平和友好条約が整う、これは仮定でございますけれども、米中が極めて接近をした、そして中ソは不仲であるという状況の中で1980年を迎えたときに、中国は一体いかなる対応を示すか、一つの注目に値する場面だろうと私は思います。

最近とみにマスコミをにぎわす韓国もそうでございます。朝鮮半島、とりわけ韓国は、社会的にも、あるいは経済的にも軍事的にも近代化が懸命に進められておりまして、それらはいずれも1980年をめどとして進んでいるものが少なくありません。そうしたものが1980年に相当進んだ場合に、アメリカの韓国に対する様々な梃子《てこ》入れ、そうしたものがどういう状況に変わるか、ということを我々はやっぱり考えておかなければならないと思います。

＊Ⅶ-10　中ソ友好同盟相互援助条約。1950年2月に調印された。なお、79年に中国が継続を拒否して80年に失効した。

＊Ⅶ-11　日中平和友好条約は、本講演の約1年半後、1978年8月に締結され、同年10月23日に発効した。

日本のように、韓国と言えば、ゴルフツアーにとって結構な土地柄である。あるいは日韓両国で、経済は非常に親密に、韓国は一種の利益を生む土地柄である。そういう認識の上に立っている日本の韓国観、これはなるべく現状のままがいい。競馬の馬券を買って自分の馬が先頭を走っているときのようなものですから、なるべくそのまま、そのままという感じでございましょう。

しかし一方、アメリカの韓国観というものは、アメリカの上院下院議員の方々と話をすればいつでも、まず韓国問題に対して一番最初に出てくるせりふは、我々は4万人の若者を韓国に派兵しておる。我々の弟たち、我々の息子たち4万人の青春をあそこに張り付けて、我々は一体、何のためにあそこに彼らの青春を張り付けているか。その目的意識を失いつつある、ということを彼らは口にします。それは、少し言葉が過ぎるかも分かりませんが、ゴルフツアーが楽しい、そうした感覚とは、まことに違った角度からくる韓国観というものがアメリカにあることをやっぱり知っておく必要はあると私は思います。

4万人の青年の青春を張り付けて、板門店事件（＊Ⅶ-12）をはじめとしていつでも命を失いかねない状況というものが目の前にある所に、自分の子どもを、自分の弟たちを張り付けている国の撤兵論と、経済交流が非常に進んでおる、観光地として極めていい土地柄であるという認識の国に存在をする撤兵反対論と一体どちらが説得力があるか。

私はこれは非常に皮相的な見方であるかも分かりません。もっとその裏には、自由主義陣営と共産主義陣営、南北のバランス、様々な問題があることを私は十分承知をしながらも、そうした見方があるということを我々はやっぱり知っておく必要があると思います。

少し余談に深入りし過ぎましたが、いずれにしても、この朝鮮半島の問題についても1980年は、一つのめど、と言っていい時期だと思います。繰り返しますが、アメリカにおいて新しい政策論争がある可能性がある。中ソ同盟条約は期限を迎える。朝鮮半島にも一つのめどとすべき時期が近づいているという1980年、しかもその1980年はもっと日本の国全体を覆うエネルギー問題というものの、一番大きな山場を迎える1980年代の最初の年である1980年。こういう非常に難しい1980年を迎えるにあたって、日本の政治状況は一体どうなっておるか。

1976年つまり昨年行われた衆議院選挙、私もその選挙で当選をさせていただいたわけですが、私の任期は任期満了まで務めたとしても1980年まででございます。今年あ

＊Ⅶ-12　韓国と北朝鮮を隔てる軍事境界線上に設置された共同警備区域・板門店で、1976年8月、ポプラの木を剪《せん》定《てい》していた米兵と韓国兵らが北朝鮮兵に攻撃され、米兵2人が殺害された事件。ポプラ事件。

る参議院選挙、つまり1977年に参議院選挙があるとすれば、次の選挙は1980年にございます。

1979年に統一地方選挙が行われます。つまり私が申し上げたいことは、1980年までの間に、少なくとも1回の衆議院選挙、2回の参議院選挙、1回の統一地方選挙という大きな選挙が4回ございます。この4回の選挙を経て、今のような力関係のまま1980年日本の国会が、今のような状況で迎えるということは絶対にないと私は言い切ってもいいと思います。

こんな状態のまま、もう少し梃子入れすれば、もう少し後押しすれば、自民党が息を吹き返して何とかなるであろうというお考えは、私はもう無理だ。私は申し上げます。振り子の理論というのがございます。振り子の理論というのは、今ちょっと中道の方に振れた、何、次の選挙は戻ってくるよという理屈でございます。

しかし、この振り子の理論は、その振り子の糸を止めているピンが動かなければの話でございます。振り子をつるしているピンの糸の場所がこっちへ動いているとすれば、その振り子はまた別の軌道を通るのは当然のことでございます。

むしろ昨年の選挙で、新自由クラブ、私どもをはじめとして、公明党、民社党に集まった多くの票数は、まだまだ国民意識の全てではない。もっと国民の意識は大きく変わっている。それは戻るどころかもっと変わっていく可能性の方が、むしろより多いと私は思います。

衆議院選挙で私どもは230万人の支持をいただきました。しかしこの230万票という票数は、日本全国に、130ある衆議院の選挙区のうちの25の選挙区で私どもは候補者を立てただけでございます。105の選挙区について私どもは公認候補を立てていない。

130のうちわずか25の選挙区に候補者を立てて、230万票という投票をいただきました。もちろん、マスコミの応援もございました。物珍しさもあったと思います。日

自民党と別れて初めての総選挙に際し、京都市役所前で街頭演説する河野洋平新自由クラブ代表（1976年11月15日）。　写真＝時事

本人の持つ新しがり、あるいは日本人の持つ、妙な悲壮感への同情、判官びいき、様々なものがプラスされたことを私は承知しております。

しかし、それでもなおかつ、相当な数がそこに集まったということは、私は130の選挙区全てに我々が候補者を立てたときに、当落は別として、相当な数の共鳴共感を得る可能性があるということを私は考えております。

私は、衆議院の選挙、130選挙区に全部立てるほど、今能力がございません。しかし、例えば、参議院の全国の候補者は130人立てるのと同じ意味になります。1人の全国区の候補者は、北海道・網走から、沖縄・石垣島、宮古島に至るまで、全ての人たちに、賛成を呼びかける、共鳴を呼びかける資格を持ちます。

そうしたことを考えれば、今回の参議院選挙についても、相当な変化が起こってくる可能性はある、と私は考えております。そしてその変化を恐れてはいけない、その変化はおっかないものだと思う必要はないんです。冒頭申し上げたように、流動の中に安定を求めていくべきだと。その変化、その流動は、自由主義社会に反対するものではないのです。自由主義経済体制を否定するものではないんです。もっと健全な、もっと健康的な自由主義社会を求めて、もっと健康な自由主義経済体制を求めて、流動しようとしている、変化しようとしている。この人たちの意思をむしろ積極的に引っ張り出すことが、自由主義社会、自由主義経済体制の進歩発展安定につながるんだと。

そうした者の口を封じよう、発言を封じようとして無理をし逆行すればするほど、そのギャップは大きく、危険は大きくなってくるということを、私どもは考えなければいけないのではないか。こんなふうに考えております。

大変若造が勝手な生意気なことを申し上げました。お耳障りの点はどうかお聞き流しをいただきたいと思います。ただ、私どもが考えておりますことは、今のような状態で行って、１９８０年を迎えるときに、頑ななイデオロギーに支えられ、柔軟さを失ってしまった国会というものがとても対応できない。それは、保守政党であれ革新政党であれ、とても国際社会の中に太刀打ちはできない。国際社会のプレッシャーは、国に来る前に、まず企業に来るのでございましょう。

そうした時に、企業の崩壊、そして、日本の国の存立さえ、直ちに危うくする状況というのはあります。他国から侵略を受ける、軍隊が入ってくるなどということを申し上げているのではありません。しかしそれは少なくとも、日本の国の存立を危うくする硬直化を招きかねない、こう考えるからでございます。

お集まりの先輩、諸兄の、どうぞ一つご批判をいただきたい、こう考えてあえて生意気な口をききました。今後とも、皆様方のご指導ご鞭撻をぜひお願いを申し上げる次第でございます。僭越でございますが、皆様方のご発展もあわせて、心からお祈りを申し上げて、ご挨拶といたします。どうもありがとうございました。

VIII

1979年5月23日

内閣官房長官
田中六助

Rokusuke Tanaka

写真=時事

人物紹介

田中 六助（たなか・ろくすけ）

1923年福岡県生まれ。日本経済新聞社ロンドン支局長、政治部次長を経て、63年から衆議院議員。自由民主党。大平内閣で内閣官房長官（78年12月～79年11月）を務め、大平内閣のスポークスマンとなる。

本講演後、初の日本開催となった79年6月の東京サミットにも尽力。79年11月に発足した第2次大平内閣では自由民主党副幹事長となって支えていたが、大平首相が80年6月急逝。その後、鈴木（善）内閣で通商産業大臣（80年7月～81年11月）を務める。自由民主党政調会長、幹事長も歴任。85年逝去。

本講演について

1978年12月から内閣官房長官として大平正芳首相を支えてきた田中氏が、79年5月23日に大平内閣の内外政策について講演したものである。

国内では、79年2月のイラン革命（イラン・イスラーム革命）により第2次石油危機が起こる。また、大平首相が大蔵大臣であった75年に発行に踏み切った赤字国債が膨らみ、一般消費税の導入が予定されていた（ただし、後に撤回）。

外交では、79年4月30日から5月6日まで、ワシントンにおける日米首脳会談のため大平首相が訪米した後のタイミングであった。会談の議題の一つはインドシナ難民についてであり、消極的対応方針の転換が求められていた。

さらに、6月に主催者としての東京サミットも控えていた。

1979年5月23日講演

ただいまご紹介を受けました田中六助でございます。日夜、皆様に非常にお世話になっておりまして、大平（＊Ⅷ-1）内閣も昨年の12月7日に発足いたしまして、ようやく半年の月日が経っておるわけでございますが、人間が生まれるのは十月十日だというふうに言われております。まだ半年満たない大平内閣でございますが、内外の諸情勢が非常に難しいさなかにございまして、国民の皆様に率直なご批判をいただいておるわけでございまして、内閣の番頭として、まだまだ未熟であると同時に、国民の皆様にじくじたる思いをし

1978年12月7日、衆院本会議で首相に指名され、一礼する大平正芳氏。同日、大平内閣が発足した。
写真＝時事

ておる毎日でございます。

大平の手法は分からない、説明がしにくい、非常に理解しにくい、という評が大体、定まっておるわけでございまして、しかし私は、そういう批評とは全く逆な考えを、ある日は、大平総理から発散する雰囲気を一番痛切に感じております。

大平の手法、大平の考えが分かりにくいということは、私は即、今までの総理大臣の手法とは違うという証明になるんじゃないかと思います。非常に口幅ったい言葉であり態度でございますが、私自身、大平正芳という人間は、田中角栄元総理、三木武夫元首相、前首相の福田赳夫さん、この3人にいつも比べられて、一番最後に総理大臣になったのが大平正芳でございます。

私に言わせますならば、これらの3人の人々よりも、総理になるチャンスというものは、一番先にあった人物かも分からないと、そういうふうに思っております。しかし、田中角栄先生、それから三木先生、福田先生、最後に大平が総理になったわけでございます。もしも私の感じが当たっておるならば、そこに大平らしい、何ものかがあると思って

＊Ⅷ-1　大平正芳（おおひら・まさよし）／1910～1980。内閣官房長官、外務大臣、通商産業大臣、大蔵大臣などを経て、第68・69代総理大臣（在職78年12月～80年6月）。

おります。

つまり、待ちの政治、ウェイティング、待つということの大平の性格がそのものとして、4番目に首相になったということではないかと思っております。これも皆さん既にご承知のように、大平正芳という男は、香川県の観音寺の近くの本当に、先祖は別といたしましても、貧しい農家のせがれでございます。日本経済新聞に載りました「私の履歴書」という中にも、本人が書いております。水飢饉《ききん》の折、1合徳利に水を入れて、干からびた稲の根元に、自分の弟を背負いながら水をくんで、稲の根元にかけて、そういう強い忘れがたい思い出があるというふうに言っております。

本人は学問を志しても、家が貧困のために、育英資金をもらって、東京商大、今の一橋大学を出ているわけでございます。常に農家のことでございますので、四季折々の天候に過敏鋭敏でなければなりません。

和辻哲郎先生が名著『風土』の中に残しておりますが、日本人は農耕民族であると同時に、やはり、春夏秋冬という四季に敏感なモンスーン地帯にあるのが日本で、日本人の思考の発想法と、behavior［行動、態度］はそういうものと無関係ではないと。大平の人となり、大平の今の発想法、考え方も、自分の生い立ちと少しも無縁ではないわけでございます。

そういう意味で私は最も日本人らしい総理大臣が現在生まれたと思っております。大平の手法はしたたかで、分からなくて、そういう批判を浴びておりますが、私は半年経ち、もしも、まだまだ半年以上総理をやられるならば、大平の手法、分かりにくい大平が、一番分かりやすい総理大臣になると確信しております。

今、大平正芳が、国民の皆様の前に提唱しておる事どもがたくさんございますが、その中で、文化の時代、文化の時代と経済運営、地球化の時代、あるいは田園都市の構想、こういうものが国内の一つのテーマでございます。対外的には、総合安全保障、対外経済問題、その他二つの問題の研究グループがございます。もう一つ、科学技術の研究グループを持ち合わせて九つの研究グループ（＊Ⅷ-2）を持っておりますが、こんな研究グループを持ってどうするんだと。あんまり機能してないじゃないかという批判もございます。

しかし、大事な国政を預かっておりますと私どもといたしましては、すぐ効果のあるよう

＊Ⅷ-2　大平首相が就任直後に私的諮問機関として、「文化の時代」「田園都市構想」「家庭基盤充実」「総合安全保障」「環太平洋連帯」「対外経済政策」「文化の時代の経済運営」「科学技術の史的展開」「多元化社会の生活関心」の九つの政策研究グループをつくり、各種政策に関する検討を依頼した。9グループのメンバーは、著名な学者や文化人、中央省庁の課長クラスの若手官僚など総勢で約200人が顔を揃えた。

なこと、すぐぱっと実が実り、花が咲くようなことに、取り組んでおっていいかどうかは疑問でございます。本当の国民の幸福、国家の安寧を考える場合、あらゆる毀誉褒貶《きよほうへん》は別といたしまして、長期的な視点を求めて、大平正芳の生命は朽ち果てても、今からスタートしておかなければならない問題がたくさんございます。

次の世代に、次の子や孫に、受け継がさなければならない大事なことが多くございます。大平正芳が今抱いておる考えを率直に申しますと、今は、既に近代を脱皮しなければならない現代の時代である。この現代の時代をどう見るかということに、基本概念があるわけでございます。

多くの文学者、評論家、あるいはあらゆる社会学者、経済学者、そういう人々が地球化の時代、文化の時代、あるいは地方都市の時代という言葉を、学問的にも、前から述べ叫んでおりますが、世界の政治家の中で、今の時点が地球化の時代であり、文化の時代である、田園都市の時代であるということを、喝破し標榜した政治家は1人もいないはずです。

日本のこの四つの島で、日本の総理がいろんなことをしゃべっても世界に響かない長い時代が続きました。むしろ、インドのネルー（＊Ⅷ－3）が、そしてインドネシアのスカルノ（＊Ⅷ－4）が、演説した方が世界に響いた時代があったことは皆さんご存じです。日本の首相が何をしゃべろうが、日本の政治の中枢にいる人が、何かをしゃべろうが、世界のどの隅にも響かない。そういう長い時代を過ごしております。しかし、ご承知のように皆様、日本は既に、私どもが本当にまだ感じてないほど、世界の目から見るならば、近代国家もさることながら、先進国中の先進国になっておるわけです。

それを大平正芳は指摘し、それを国民の皆様にどういうふうに理解させるかという大きな考え、テーマを抱いておるわけでございます。日本が大国になったというようなことを言いますと、それはまたそろそろ始まったと。戦争中の何ものかに結びつける評論家もございますが、大平の言いたいのは、日本は今こそ大国になっておるんだと。その意識を国民の皆様に持ってもらいたいと。世界はそういうふうにしか見てないんです。

ついせんだっても、ＥＣの秘密の会議の中で、日本人がウサギ小屋の中に住む、中毒にかかった働き者。そういう表現が書かれておったのが暴露されましたが、私はそれをああいうことは言うべきじゃない、知らすべきじゃないという後のコメントがございました

＊Ⅷ－3　ジャワハルラール・ネルー／1889～1964。インドの初代首相（在職1947年8月～64年5月）。
＊Ⅷ－4　スカルノ／1901～1970。インドネシアの初代大統領（在職45年8月～67年2月）。

が、まさしく世界の多くの人々はそういうふうに見てるんじゃないでしょうか。

本当に文化の時代、あるいは地球化の時代なんだと。世界の人々との交流を深め、もう少し世界に目を向けて、日本というものの存在を見直さなくちゃいかん時代ではないでしょうか。

ベトナムの難民の問題を取り上げてみましょう。総理は私にいつも恥ずかしいと言うんです。恥ずかしいということをもう少し披露いたしますと、ベトナムの難民がおびただしいほど出ておりますが、refugee［難民］というのは、中近東にはもう何十年前からの避難民がいるわけでございますが、今回のベトナムの難民は実にひどく、多くございます。

カンボジアにもそれが波及しておる。インドシナ半島におけるそういう避難民の多くの人々は本当に人間の生活をしてるんじゃないんです。私どもは四つの島にいて、ある程度の集団で、日本人だけのことしか分からないんです。

何百年という長い間戦争のなかったのは、日本とネパールだけだというふうに言われております。そういう時代を経験している日本民族でございますので、いつの間にか排他的で、国内だけでいろんな問題を［考えて対応する］。江戸時代を通じまして、本当は良い時代を経ているわけでございますが、国際的に少しも練れてないわけです。

アメリカは、毎月７０００人の避難民の受け入れをやっておるわけでございます。日本に定住するベトナムの避難民がたった３人だったと。やっとこの前、閣議決定で５００名の受け入れをやったんでございますが、アメリカは月に７０００名の refugee、つまり避難民の受け入れ体制を取っております。

ＵＮＣＴＡＤ（＊Ⅷ－５）という国際連合の後進国会議に、もちろん先進国も出ておりますけど、そういう会議に総理はアメリカから帰りまして、１日日本に寄って、すぐマニラに飛びましたが、フィリピンとインドネシアは一つの島を作って、そこに避難民を収容しようと、そしてそれぞれの希望の求める国へ送ろうという計画を立て、金の方は日本、西ドイツ、その他が見てくれというわけでございます。みんなこの問題に強い関心を持っておるんですが、たった３人の定住者の受け入れと、やっと５００人だけ何とかしようという日本で果たしていいかどうかということなんです。

政府の動きに反対する方々は、もう少しそっちの方面の運動もなさったらどうかと思うんですが、私どもは世界の中の日本という意識が今のところあまりなくて、やはりウサギ

＊Ⅷ－5　1964年に設立された国連貿易開発会議。第5回UNCTAD総会（79年5～6月）では大平首相自らが出席し、5月10日の本会議で一般演説を行った。

小屋、小さな小屋に住んで、そしてコチョコチョ働くと。自分のことばっかりに没頭しておるんだと、そういう意味がウサギ小屋の中に住んでおる中毒患者の働き者という意味じゃないかと思いますが、世界に目を向けなければいけない時代。日本人がリフォーメーションと申しますか、精神革命を、終戦後30年にして総ざらいをしなければならない時代。

そういう時代が、大平正芳の提唱する文化の時代。物から心へ、物から精神へ、そして多くの地球の人々のことを考え、地球の人々、よその国の人々と交流しなければならない時代だというのはそこなんです。大平が、人間を大切にすると、人の心を無視していけないというのはそこなんです。

やはり、枯れた稲に徳利の中に水を入れて、一つずつ、その稲の蘇生を考え、その稲を生かして実らす。その実りある米を誰かが食べる。そういう発想法の連続が、やはり、今日の大平の精神の中に脈々と流れておる政策に通ずるわけでございます。

今こそ、日本はそういうものの考え方を変えなければ大変だと。私はこの壇上に立って、何度もそう皆様に訴えておりますが、「豊富の中の貧困」ということをジョン・メイナード・ケインズ（*Ⅷ－6）が言っておりますけど、私は、豊富の中の貧困、つまり貧乏さというのは、日本人の態度、心の中、形式的にだけでなく、本当に物の面で豊かになっておる日本でございます。しかし、何かが欠けておる、何かが貧困であると。個の時代から集団の時代になっておるということも、大平が今考えておるこれらの発想法とつながる考えでございます。近代は個人を大切にすると。日本が戦争に没頭し没入したのは、第二次大戦でこれほど世界に迷惑をかけたのは、本当に個人の心、個を尊敬しないからだと、近代的な精神に欠けておったからだという学問的な見方がございます。

しかし、大平の発想法は、個を大切にする近代というものは既に去っておると。組織の時代であると。集団の時代であると。participation［参加］、つまりみんなが参加をする時代である。そういう意味では、私は本当の日本人の心に返れば、日本人というのは、組織の集団の生活を、むしろ西洋人よりも慣れた長い伝統を持っている国だと思うんです。原点に返れ。待ちの政治、ウェイティング、つまり、四季折々の変化を日本は必ずあると。その四季に折々の変化を待っておって、それに対応すれば、立派な日本人らしい生活もでき、世界の人々とも十分交わりうる、何ものかがあるというのが彼の考えでございます。

＊Ⅷ-6　ジョン・メイナード・ケインズ／1883〜1946。英国の経済学者。財政による景気刺激を重視する政策はケインズ主義ともいわれる。

1979年5月2日、日米首脳会談（ワシントン）でホワイトハウスのバルコニーから手を振って応える大平正芳首相夫妻とカーター米大統領夫妻。　　写真＝CNP/時事通信フォト

ついせんだって、アメリカに行ってまいりました。これも率直に申しますと、大平正芳の考えは、総理大臣になったら、来る日も来る日もアメリカにぱっと行くと、一部の新聞にも言われておりましたが、参勤交代をするような首相、そういうイメージを日本の国民に与えてはいけないし、世界にも与えていけないと。

まして、アメリカにそういう感情を持たせることは、本当に日米関係の絆にはならないというふうに考えたひとときもございましたが、経済的な摩擦が日米間に非常に強いと。大平首相がひととび、太平洋を渡ることによって、いろんなものが解決するということが至上命題となりました。大平総理も踏み切りました。

そのアメリカに渡る前に、皆さんご承知のように、政府調達の問題、電電公社の母体を含めたオープンシステムにしろという問題（＊Ⅷ－7）がございました。私も総理の走り使いをして、多少動いてまいりましたが、何となくアメリカが理不尽なことを言うようで、私自身も大きな抵抗を感じております。

しかし、アメリカの言うことが理不尽になるんだろうかと。自分の抵抗感が正しいんだろうかという反省をちょっとしてみました。よく考えると、どうもこれはフィフティフィフティ。イーブン。そういう考えが総理の頭にもかすめました。

電電公社の皆さんには非常にご無理を申したわけでございます。ある程度の応答ぶりもできまして、それを事前に土台として、総理が訪米したわけでございます。大平首相が日頃言っていることは、言ったことと実行することに乖離《かいり》のないように、開きのないようにと。そういうのがやはり私が当初から植え付けられておる総理の手法の一つでございます。

＊Ⅷ－7　電電公社の資材調達について、「政府調達に関する協定」を適用して外国に門戸を開くこと（内外無差別）を米国から強く要求される。

外国に行くに先立って、そういうメモを残しておった総理でございますが、向こうに行きましても、別にこれといって、皆さんがご承知のように、私は取り立てて日米間に、大きな懸案の問題を解決したとか、あるいは何か将来に残すような大きな問題を討議してきたというようなことは何一つないわけです。

しかし、歴代の首相がずいぶんアメリカに行っておりますが、この首相ほどアメリカの新聞が書き立てた、書き立てただけじゃなくて非常に大きく扱った、首相はないと言われております。現実にワシントンポストはじめ、トップに大々的に掲げております。

これはまさしく、吉田さんの時もなかったと思います。なぜそういうふうになったかと。それは大平さんが英語の発音がうまかったというようなことも案外左右しておるかもしれませんが、やはり、人間と人間の付き合いでございますので、しかも大統領にまでのし上がった人でございますので、何とかかんとか言われても、それだけの立派な人だと思うんです。あるいはその周辺の人もそうでしょう。国を支えておる人々が多い中で、大平というのは、誠実さがあると。はったりがないと。今までの人とは違うと。そういうことを残したということは事実でございます。

大平首相は、いまだに自分は何年やりたいとか、いついつまでだということを、［就任半年近くなりますが、私は一度も聞いたことがございません。

もちろん、長期的なビジョンを持っておっても、人間は生身でございますので、明日の命さえ分からないのに、1年先2年先のことをうんぬんすることはおこがましいと言えばそうでございますけど、やはり、政治家の一つの計画として、いろんなことがあると思うんです。

しかし、それはそれとして、大平自身、毎日を一生懸命やりたいと。これはクリスチャンというようなこと、これまた靖国神社に参ったからどうだとかいうふうに言われておりますけど、そういうことについても時間があれば触れたいと思いますが、24時間を一生懸命やっていきたいと、そういう考えです。

アメリカのカーター大統領にどういうことを言ったかと申しますと、一番総理が言いたかったこと、聞かせたかったことはこういうことなんです。アメリカさん、カーター大統領さん、自信を持ちなさいと。今まで長い間、アメリカは世界に君臨していろんなことをやってきたが、ドル安、ドルの崩壊、そういうようなことで、自信が揺らいでおるかも分かりませんが、まず自信を持ってくれと。

自由世界の中で、あなたが自信を持たなかったらどうなるかということだったんです。

表現は別といたしましても、それに即することは、総理は堂々とカーター大統領に言っておりますす。何一つおべっかを言うわけじゃなく、何一ついろんなものを注文したわけでもございません。

従って、今回の日米首脳会議で、向こうから注文を受けたこともございません。むしろ、電電公社の問題につきましても、ルールの確立をしようじゃないかと。それだけなんです。ルールのないところに、毎日の日米関係に変なことが起こると。ルールを確立していこうと。

それで、あれほど大騒ぎであった、電電問題も皆さん収まってるじゃないですか。これはどこにあるかというと、やはり人間は信義、信頼、それが一番大切だと思うんです。金にかえられない、物にかえられないのは、皆さん信用信頼だと思うんです。

私どもが今、キャッチフレーズとして言っておるのは、「信頼」と「合意」という二つでございます。これは、大平首相が池田内閣の官房長官時代に、忍耐、寛容そういうものと通ずるものがあるんです。この信頼というものは、国内的な信頼だけを総理は言ってるわけじゃなくて、対外的にもそこに根拠を置こうということが、彼の頭にはあるわけでございます。

それには、自分を体当たりしてぶつける以外ないと、私にいつも言うんです。俺は、飾ることができんし、このままの人間だと。私も言ってるんです。総理になって、私が正式に官房長官になった晩に、私は30分ぐらい総理と2人で話しました。

私と総理と話はいつも長くないんです。大体30分というと非常に長い、10分か15分あればいつも済むんです。それは、総理は無口である。私は、実は新聞記者出身でございまして、先に見出しの方が頭にどうしても残るんです。

後の神武、綏靖、安寧、懿徳、孝昭……というような故事来歴よりも、先に見出しが、どうしても頭に残る。私は見出しを総理に話し、見出しを総理から受け取ると。総理はどっちかというとプロセスを重んじる方でございますが、それでも無口でございますので、大体、エキスだけしか申しませんので、私はそれで長い間の習性で、総理の意図がどこにあるかということは、誰よりも分かるつもりでございます。

そういうことでやってきておりますが、その総理がアメリカのカーター大統領に言った事実は、今申し上げましたように、信頼という根拠から、あなた自信持てと。少しどうかしてるんじゃないかと。これほど世界が流動しておるさなかで、あなたの自信が揺らいでいたらどうなるんだということなんです。もちろん、そういうことを言った大平総理自身、大きな自信を持っております。自信を持たざるを得ないんです。

皆さんどうですか。日本の国の総理大臣が、自信の持ってないような総理大臣だったら国民は大きく迷惑するはずです。再び同じ過ちを犯すかもしれない。しかし皆さん、自信というのは、自分だけで築くもんじゃないんです。

これには大きな責任が伴う。得手勝手な自信を持たれて、得手勝手な行動を取られたときの国、国民の迷惑は、計り知れないものがある。それだけに、大平正芳という人間は、自分の頭が年取って、だんだんぼけたと。どうするかということが、いつも彼の責任体制の頭の中にある。若い時代のようにいかないと。これは年を取ってくればどうせそうでしょうが、やはりそこに経験というものが、物を言うわけです。

田中内閣で大平正芳は何を見たかと、三木内閣で大平正芳は何を見たか、福田内閣で大平正芳は何を見たかと、大きな経験をしております。時には外務大臣であり大蔵大臣であり、時には幹事長であり、あらゆる政府与党の主要な地位に、過去3代の内閣で彼は座っておりました。その経験が、豊富な資源が、今、大平正芳の発想法の中に点在しておりまず。私に言わせるならば、キラキラと輝いた何ものかがあちらこちらに点在しておるんです。

それらの手法が凝り固まって、いろんなことが展開しておるんですが、私は分かりにくい国民の皆様に、時が経つとともに、今までのやり口とは大きく違うということを強調したいわけでございます。そういう観点から見ていただくと、誰よりも誰よりも分かりやすい政治を、大平正芳は展開しておるんです。

今、大平内閣は発足して半年余りですが、皆さん各省の大臣を見てごらんなさい。多少の不満を言ってる閣僚がおるかも分かりませんが、本当に嬉々として自分の使命に徹しておる大臣ばかりです。国民あるいはジャーナル、マスメディアの目から見ますと、何か物足りない大臣、どこか欠けておる大臣と思っておる方がいるかもしれませんが、どの閣僚1人をとっても、見事に全身全霊を打ち込んでやっておる大臣なんです。

私は終戦後からずっと新聞記者をやってきておりまして、政界に入って15年になりますが、その以前の時、あるいは政治家になってからも痛感しました。どの大臣も本当に明るく、何事の不満もなく、暗い陰りもなく、それぞれ一生懸命やっております。

国の大臣が一生懸命やるのは当然だとお思いかもしれませんが、一生懸命、過去やらない大臣もあったはずです。しかし、大平内閣の中で、皆さん、あの大臣は一生懸命やってないぞという実証、証拠があるなら、挙げてもらいたいと、私はこの壇上から言えます。

それほど個々の大臣は、総理の意向をくもうがくむまいが、それぞれの省で一生懸命やっておられます。いつの間にか、大平の思い、大平の体質というものを、それぞれの大臣が体得しているわけでございます。

例えば、大蔵大臣の例を取ってみましょう。金子さん（＊Ⅷ-8）がどうとかいうことじゃないんです。日本の経済、皆さん、昭和54［１９７９］年度予算は、一般会計で38兆６００１億という一般会計の規模を持っております。そのうち、国債が39・６％。金額にいたしまして、15兆２７００億という膨大な国債、借金財政でございます。

この金をドルに直しますと、今、近代国家と言われております、アメリカ、フランス、イギリス、西ドイツ、この４カ国での国債、つまり国民の皆様に迷惑をかけておる国債で予算を組んでるトータルを遥かに上回っておるのが日本の今年度の一般会計の予算規模なんです。それでも、国民の皆様は、社会保障制度のやり口が足りない、年金が足りない、などということを言っておりますが、それほど一般会計の予算は脆弱なもんなんです。

さあ、来年度予算はどうしようかと。また、国債を発行しますか。既に累積国債のトータルで40兆以上を超してるんです。子や孫に対して、私どもはどういう言い訳をするんでしょう。利子だけでも１兆というような状態が起こっておるわけです。

それを打破するにはどうしたらいいか。私どもは、スプリングつまり春から、この予算の検討を始めておる。全く目新しいことです。私も実は総理からそういうことを言われるまで気が付かなかったんですが、もう直ちに、来年度予算の検討開始［しよう］、これは大変だよ。

そこに生まれたのが一般消費税（＊Ⅷ-9）でございます。一番皆様に評判が良くない。こんなものをしたら選挙にならないと、与党の中の人でも多くの人が言います。この実現をどうするかということは、大平内閣にとって大きな課題でもあり、踏み絵でもあります。

大蔵大臣は何とかしてこれを実施して、借金財政から脱皮したいと。もちろんその間、一方で景気の浮揚を図って、そのための公共事業費を22・5％［増］に、54年度はしておりますが、さらに景気振興策を講じようという考えを持っておりましても、一般消費税に

＊Ⅷ-8　金子一平（かねこ・いっぺい）／1913～1989。大平内閣で大蔵大臣（78年12月～79年11月）、中曽根内閣で経済企画庁長官（84年11月～85年12月）を務める。
＊Ⅷ-9　消費税に代表される大型間接税の導入を初めて正式に打ち出し、1979年1月、財政再建を目的とした一般消費税の導入を閣議決定した。しかし、反対が強く、同年10月に行われた衆議院議員総選挙の期間中に見送りを表明したが、自民党は大幅に議席を減らした。

代わる何ものかがなければ、財源として大変なことになるという意識は総理も持っております。

しかし、総理の頭は、これを直ちに実行するかどうかについてはやはり、与党の意見をもう一度聞き直さなくちゃいけませんでしょうし、国民の皆様にある程度納得してもらわなくちゃいかん、ということから、これを舞台に乗せようと努力してるんです。

うんと批判してもらいたいと。全部をさらけ出して、日本の現実、日本の現実の経済はどういうものかを知ってもらいたいというのが、大平首相の考えであると同時に、いちいちそれを金子大蔵大臣は、おみくじを引かずに、自分で一生懸命これをどうしたらいいかと、日夜、それこそ頭を痛めております。私はそういう面でも、金子大臣のご労苦を感じると同時に、この人もまた体当たりでやっておると。何と言われても、一生懸命、これらの問題に取り組んでおります。

対外問題につきましても、いろんな問題が今展開しております。大平正芳が考えておる信頼という面では、国内だけではない、対外的にもそうだということを例を引きましたが、合意という面をさらに私は、課題といたしたいと思います。この合意というのは、前にも触れましたように、今は近代ではなくて現代だと。個人を尊重するということは、もう当然の帰結であるし、それを過ぎ去った組織の時代、あるいは、集団の時代ということを言ったわけでございますが、この中で一つ気になることがあります。

大平総理は派閥解消に熱心でない、という批判がございます。これは野党の皆さんだけじゃなくて、与党の中にもあるんです。派閥解消に熱心ではないということは当たってないんです。皆さん総理大臣になりますと、今まで派閥によって総理になった人でも、どの方もどの方も総理大臣になると、派閥の解消を唱えるんです。

自分が総理になったら派閥解消した方が一番いいんですから。当然、どなたも唱え、党は全部、自分の傘下にある。この派閥は良くないと、派閥解消しましょうと、どの総理も言いますが、大平総理だけは、そういうことは言わない。

個人の考えでございますが、人間の本能の中に、三大本能がある。自己維持本能、食ったり寝たり、遊んだり、自分を保つ、生命を保つ、そういう自己維持本能というのは当然でしょう。それからセックス、これは種族保存本能でしょう。

もう一つ、集団本能というのがあることは、大脳生理学を知っている人、あるいは医学を知っている人だったら、みんな分かっております。基礎医学の中のイロハのイですから。三大本能の中に集団本能がある。これは実は派閥にもつながるんです。

動物の中で一番集団本能の典型的なものだと言われているのがサルでございますが、本当にお猿さんが1匹、2週間隔離しておいて、誰にも会わせない、誰にもどうにもしないと、毛が抜けるんです。どうにもならない。

それから、人間でもそうですよ。40日間あるいは永遠にお前は誰にも会えないんだぞということにしておきますと、40日ぐらいで発狂するんです。それほど集団本能、派閥というのは、言葉が悪うございますが、当然どこにもあることなんです。それをどのように生かすか、善用するかだけが問題です。

そういうことは、総理はちゃんと知っている。派閥解消ということを唱える人が一番派閥の中に則って、派閥解消と言ってるかも分かりません。そういうことは別といたしましても、つまり、戦争を何百年か経験してないのはネパールと日本だけだと私は言いましたが、日本民族が世界で唯一無二の単一民族（＊Ⅷ-10）、日本語という単一語を話し、どこにも混じり気のない日本人だというふうに言われており、それはやはり、この四つの島に、どこの国も、接近しなかったと。あるいは、どこの国にとっても、隣同士ではなかった。海というものがあったおかげでしょうが。

個を大事にすると同時に集団組織を大事にするのは、日本人のお手のものでございます。いまさら、現代が組織の時代、集団の時代という必要はないんです。

日本人は分からないと、大平総理が分からないと言われてるんじゃないんです。世界で分からないと言われてるのは日本人そのものがそう言われてるんですが、どこの外国のパーティーに行っても、すぐ日本人同士で集まると。ちょっと人に注意されて外国人の中に混じってると、10分も経たないうちに元に戻って日本人だけになるというふうに言われております。

言葉の不自由な点もあるかも分かりませんが、大体そういうふうに言われている。日本人に会うと、物を言わず、にこっと笑うと。何のこと、ただ笑われて気味が悪いと。日本人のよく集団旅行が来ると。パリやロンドンで20人ぐらい日本人がいますと、全部同じ物を食っていると。気味が悪いと言うんです。

西洋人だったら、あの人があれを頼んだら、俺は違うものを頼むと。そういうふうに来るらしいんですが、日本人は1人がライスカレー食べてると、みんな20人がライスカレー

＊Ⅷ-10　多民族帝国であった帝国日本が解体されることで誕生した戦後日本で、高度経済成長を受けて、優秀で画一的な労働力といった観点から、単一民族論が強さの秘訣《ひけつ》として論じられることが少なくなかったが、２０１９年５月に、アイヌを「先住民族」と明記した「アイヌ施策推進法」が施行されており、日本は単一民族とはされていない。

一生懸命食べてる。それが不気味だそうです、外国人の目から見ると。それから、物も言わずにずっとニコニコ笑って座っていると。ただ目をパチパチさせて、それで物が分かるんだろうかと。

実は分かるんです。目は口ほどに物を言うという言葉がございますが、日本人同士だったら、腹の中とか腹の内とかよう分かるんですね。それが私は一つの長い間の訓練された集団組織、そういうものの時代に、突入しておるのが今の時代だと言われておるんです。

ガルブレイスさんの『不確実性の時代』というのが非常にベストセラーになる。あれは世界では10万部ぐらいしか売れてないんですが、日本では50万部以上売れてるんだそうです。大体不確実性の時代とか言ってもですね、人間ってのは明日が分からないんですから、常に不確実性だと私は思うんです。

命というものは、明日は分からない。それでもそういう本を一生懸命読んでおるわけですけど、そういうものとは別として、日本人は、やはり、本当の意味の集団民族だと思うんです。従って今が、個の時代ではなくて、集団の時代というならば、私は、本当に日本人に適した時代が来ておる。

ただ、問題なのは、この四つの島に住んでおる日本人だけの集団にせずに、participation、つまり参加させると。韓国の人もいらっしゃい、北朝鮮の人もいらっしゃい、中国の人もいらっしゃい、シベリアの人もいらっしゃい、アメリカの人もいらっしゃい、中近東のあるいはインドネシアの国民の人もいらっしゃい、皆で話し合おうじゃないですかと。あなたの意見も聞きましょうと。この日本人だけの集団をさらに輪を広げて、世界に及ぼしうる日本人の素質を持っておるんです。

それが大平の強調する合意でございます。信頼の例を引きましたが、私どもは今こそ、この合意、他人の意見を入れようと、そういう時代が来ておるならば、まさしく日本人に最もふさわしい伝統のあるキャッチフレーズでもあるんです。

そういう意味で私は、この大平正芳が提唱している信頼と合意というもの、牛歩、牛の歩みではあるが、これから一つずつ展開していく政策を見てもらいたいと思うんです。

言いにくいこと、やりにくいこと、それでも、私どもは今やらなければならない時代になっておりますし、大平内閣が避けては通れない問題ばかりなんです。国民の皆様が、分からない政治、分からない政策と言っております。私が今、多少端折って申し上げましたが、大平正芳の政策のかなりの部分を説明いたしました。

対外的にも、ベトナムの難民の救済の問題で指摘しておきましたように、たった3人の定住者しかいないと。５００人の受け入れ体制しかないと。各国と比較してみて、本当に恥ずかしい話です。

これらを、アメリカあたりでは政府はリードしてるんじゃないんです。民間人が挙げて、自分の生活の問題もさることながら、世界に手を差し伸べておるんです。世界の民族の悲劇に手を差し伸べておるのが、やはり先進国の人々の態度なんです。私どもは深い、長い伝統を持っております。和と申しますか、信頼と合意、いまさらそういうものを標榜する必要はない伝統を持っておるんです。

白人である西洋人が、有色人種であるベトナムの人やカンボジアの人々に、どうぞ、自分の国に来てくださいと、あなたたちの生活を自分の国でやってくださいと言っておるんです。皆さん、残念ながら私どもの1億1０００万の国民の中、民間の人が大部分でございますが、ベトナムの難民をうちのこの地方に来てくれんかと、何とか一緒に生活しようじゃないか、という声がないんです。

ベトナム戦争に意見を主張した人たちからさえも、そういう声を聞きません。日本が先進国になり、外国の誰が見ても、着てるもの、食ってるもの、住んでるものこそウサギ小屋とか言われておりますが、それでもコチョコチョ働いて、自分のことだけしかやってないという、この批判をどういうふうに受け止めるかでございます。

私が皆さんの前に、航空機の問題（＊Ⅷ-11）を避けて終わるわけにはいきませんが、この問題も、外国の、ＳＥＣというアメリカの証券取引委員会から指摘された問題でございます。商社という存在、多国籍企業の問題、そういう解決すべき問題はたくさんございます。

しかし、明治以来、急速に日本が近代国家に脱皮し、世界のあらゆる目が、日本が近代国家になった、日本が金持ちになったということを数字の上でも、日常の目の中でも見られるようになった。その大きな原因の一つに、消費者活動があったと思うんです。

今アメリカやイギリス、西ドイツ、フランスあたりで、日本の商社というものは、どういうものだったかを研究して、遅まきながら真似をしようというのが日本の商社の活動の分析でございます。日本が近代国家あるいは金持ちになるために、明治以来、追いつけ追い越せと、そういうテーマが、今日の、そういうものを生んだ原因の一つにはなるでしょう。

＊Ⅷ-11　ダグラス・グラマン事件。航空機選定に絡み、日商岩井から日本の政府高官に献金していたことを、１９７９年１月に米証券取引委員会（ＳＥＣ）が告発した。

そういう意味で、あらゆるものを含めて、反省すべき時期が今来ておるわけです。戦争などが本当にあって、どうにもならなくなったら、日本人は、明日の生活さえできない立場でございます。今イランの油、中近東の油をもって、いろいろ問題がございますが、原油から取れる品物は４００種類以上あると言われております。

皆さんが座っておる今の椅子のマットみたいなのも、これは油から出ております。皆様の身に着けておるシャツ、これも油でしょう。日常の歯ブラシ、マットレス、台所用品、そういうほとんど多くが、石油から出ております。

そういうものの98・８%を日本は輸入しなければ成り立たない国民生活でございます。そういうことを本当に日常感じていないんじゃないか。あまり危機感を私どもがあおる必要はない、危機感は政治家だけの処理でいいとは言うものの、やはり国民の皆様もそういうことを感じておかなければいけないと思うんです。

一生懸命油をためておる、アメリカの人々が日本の成田空港に飛んできます。空から日本を見た場合、本当に輝かしい日本がどの街にも、どの街にも見えるわけです。日本というのは、よくここまで油がある。俺らは節約して、いろいろやっておるのに。これもご承知のように、アメリカは［多くの］石炭を埋蔵しているんです。その石炭は掘らない。

本講演後6月に開催された第5回先進国首脳会議（東京サミット）。初回は1975年、第1次石油危機を契機にパリ郊外ランブイエで日本、米国、英国、フランス、西ドイツ、イタリアの6カ国により開かれた（76年からカナダが参加。冷戦後にロシアも加わったが、2014年クリミア併合により参加停止）。写真はジェンキンズEC委員長（左）と7カ国首脳（左から4番目が大平首相）。
写真＝時事

むしろ今、一生懸命、油を輸入してストックしてるんです。

98・9％まで輸入しなければならない日本がどうです、皆さん。私どもも本当は冷暖房を節約するとかいう、いろんな洋服のスタイルなど私も着せられましたけど、そういうことまでしてみせなくても本当はいいんです。しかし、笑われてもそういうことをして皆さんどうですかと。少し節約する頭を使ってほしいと訴えたいばかりに、ピエロみたいな格好［省エネルック］をするわけでございますが、それほど世界から見れば、金持ちであって、何一つ不自由なく、やっておると見られておる日本民族でございます。

私は、そう見られておるなら、見られていいんです。しかし、内容を今こそ、整えなければいけない時代になっておるんじゃないかと、皆様に訴えたいんです。ここに、お集まりの皆様は、有識者の方ばかりです。一人、10人力はあると私は思っております。日本は世界に冠たる大国にいま位置しておるが、果たして精神的に、心の中で、世界に冠たる何ものかを持っておるだろうかと。国際的にも国内的にも反省し、今までの手法が良かったかどうか。

米の生産者米価ばっかり上げて、消費者米価をまたぐ逆ざやでうまくそれを処置すると。つまり、戦前からの食管会計（＊Ⅷ－12）がそのまま生きておって、果たしてこれを農村の人が助かっておるんでしょうかと。物の面から見れば、目の近くから見れば農村の人の現実は非常に豊かになっているかも分かりません。しかし、何かが腐っておるかも分からない。そういう反省が果たしてあるだろうかと。そういうものに寄りかかって、果たして本当の農村というものが生きるだろうかという反省がどこにあるか。

健康保険の問題でもそうです。あまり、社会保障制度、そういうものばかりに頭を突っ込んでおりますと。私が20年前にロンドンにおる頃、オックスフォード大学のコーリン・

クラークという、息子さんは今日本にいますが、クラーク博士が、ゆりかごから墓場まで社会保障制度は利いておるというイギリスは威張っておるが、そのうちに大変だぞ、と警鐘を乱打いたしました。そういうことが日本にそろそろ起こってはいないかと。

あるいは国鉄の赤字の問題でもそうです。ストはする国鉄の合理化はせずして、運賃だけを上げていくと。値上げをすることによって、国鉄の特別会計をカバーしていくということが、本当の解決になるかどうか。

つまり、世間に言われておる3Kの問題です。三つのKの問題、米、国鉄、健保。こういう問題につきましても、総理は何か突破口を求めようと、今一生懸命でございます。これも予算との関係がございますが、私は大きく世界の問題、近くは今予算と関連する私どもの生活の問題を申し上げました。そういう問題を頭に詰め込んで、自分自身も大平正芳自身も大平内閣自身も、精神革命をやっていきます。今国民の皆さんは、分かりにくい政治と言っておりますが、分かってくださいと。こういう内外の諸問題、内外の政策を抱いて、今進んでおります、というのが大平内閣の今の現状でございます。

＊Ⅷ-12　食糧管理特別会計。政府が農家から米を生産者米価で買い入れ、消費者米価で売り渡すという二重価格制をとっており、赤字が膨らむことが問題となっていた。

私の言葉の舌足らず、不備、そういうものをご容赦をいただいて、今こそ、時代が変わりつつあると。あらゆるものを、このテーブルの上に載ってる過去のものを一切投げ捨てて、新しいテーブルクロスを掲げ、そしてこのテーブルの上に何を置こうかと考える時代に来ておるということを認識いただきたいと思います。

私はまだ時間が許されるならば、お話ししたいこともございますが、またいずれかの機会に譲りました。本当に今日は長い時間、私の厚かましいお話をよくご清聴くださったことを心から感謝申し上げまして、私の話を終わりたいと思います。

解説

グローバル・ヒストリーの中の日本の１９７０年代

村井　良太

ここでは本書に収録されている８本の講演録に分け入りながら、背景や読みどころなど、さらに詳しく解説していく。講演録本編を先に読むか、解説を先に読むか、人それぞれに楽しみ方があるだろう。しかし、この解説はぜひ講演録本編を読み終わった後に開いていただきたい。まずは当事者の語りを感じてほしいからである。

本書は内外情勢調査会70周年記念事業として企画された。一般社団法人　内外情勢調査会とは、時事通信社の関連団体として１９５４年12月に設立され、全国各地の企業経営者や中央官庁、地方自治体のトップなど、各界の指導者をメンバーとする会員制の団体で、講演活動や資料提供を通じて国内外の動向を伝えてきた。同会が主催する講演会は現在も続いている。本書は、会の長い歴史の中から１９７０年代の講演のうち８件の記録を選んでお届けする。

過去の講演録には2種類の面白さがあるだろう。一つは、その後の時代に課題や現象が引き継がれ、私たちが生きている今を理解させてくれる場合である。この時期に既に問題が始まっていたのかと感慨を覚えることもある。対するもう一つの面白さとして、ある時期盛んに論じられながらその後ピタッと論じられなくなったり、議論が逆を向いている場合がある。それはその時代の個性である。現在の日本では少子化が問題となっているが、かつては多産が問題であった。現在に役立つものばかりが歴史ではなく、現在に役立たないものが近い将来には重要な示唆となるかもしれない。そのような言葉の数々をお届けする。

解説者の考える本書の面白さは、まず歴史資料としての面白さである。過去の講演が、あるまとまりをもって歴史の中に生き返るとき、どのような歴史の素材となるのか。明治初頭には農業技術に長けた人物を老農と呼び、産業政策として行政が講演録を作って配付していた。講演には確かな日付があり、目的があり、対象があり、語る内容には同時代性がある。同時代性と言っても日記や新聞とは異なり、同じ語りと言ってもオーラル・ヒストリーともまた異なる。

そして内容面の面白さである。三つ挙げたい。十年一日《じゅうねんいちじつ》という言葉はあるが、後から振り返れば10年間の変化は小さくない。語りの重なりからそのことが伝わってくる。

第一に、民主主義をつくるというプロジェクトである。日本の民主主義は占領によって与えられたものだろうか。現在では幕末維新期の公論の伝統に注目が集まり、帝国憲法下での議会運営の蓄積、そして第一次世界大戦後の民主的政治慣行がその基盤として位置づけられている。しかし、他方で、冷戦下に始まった占領後の日本では民主主義の覆轍《ふくてつ》が内外から警戒されていた。本講演録で選挙と国会運営が何度も出てくるのは日本での民主主義制度と精神両面の定着を示している。さらにその一方で、いわゆる「戦後民主主義」への懐疑は１９６０年代後半には盛んに議論にあらわれるようになる中、新たな消費社会に応じた政党政治など、中央・地方の双方で民主主義を進化させていく営みが続いていた。時間の蓄積が民主主義にとって重要であることは１９２０年代の日本で花開いた事実における民主政治が世界大恐慌と統治機構内部の組織管理の失敗によって１９３０年代半ばには失われたことを思えば明らかである。

第二に、日本の外交上の立ち位置の変化に注目すると面白い。戦後日本外交は時に吉田路線と言われ、経済中心、軽武装、対米防衛依存という方針の一貫性で語られるが、経済成長が急激であったように日本の立場の変化も急激であった。敗戦後の吉田茂は、早朝、焼け跡を見渡して家が建ち並ぶのはいつのことだろうか、20年後ではまだ無理かもしれないと語っていたという（麻生和子「娘の立場から」吉田茂『回想十年 4』中公文庫、1998年、337頁）。20年後の日本は高度経済成長のただ中にあり、毎年のようにGNPで他の先進諸国を追い抜いていた。戦後日本にとって、政治でも安全でも貿易でもアメリカの存在感は大きく、アメリカは日本の映し鏡のようでもあった。しかし、敗戦から四半世紀を過ぎ、日本の経済大国化もあって、アジア・太平洋の周辺地域やアメリカに限らない世界との相互依存関係がますます深まり、その中での役割を模索している。他方、国際的責任に積極的であったアメリカは名誉の衰退を経験し、日本は選択を迫られた。

そして第三に、社会規範としての戦後合意から新自由主義への変化がうかがわれる点である。戦争は国民を過酷に動員した。そこで戦後、世界的に福祉国家建設が掲げられ、自由主義諸国の中ですら平等は重要な価値であった。それは国家と国民、労働と資本の戦後の約束であった。日本は戦時体制を淵源とする国民皆保険を実現し、貧富の格差の比較的少ない社会の建設に成功した。1989年の冷戦終結時には世界で最も成功した社会主義国は日本であるという冗談も聞かれた。しかし、英国病と言われたイギリスの経済的停滞に注目が集まる中で、豊かな社会の保障の充実は時に弊害として批判されるようになる。それは人間の基本的人権を満たすものだろうか、それともかえって自由な創意を押し止めているのであろうか。また福祉の原資は誰が負担するのか。「悪平等」という言葉すら聞かれるようになる。これも先の民主主義の問題と同じく、時間の経過の中で議論されてきたことである。

こうして8本の講演録を読み進めていると、１９７０年代が20世紀の大きな転換期に当たっていたこと、現在の出発点であること、そして10年間の変化を通していわば１９７０年代的なるものの終焉と、１９８０年代的なるものの萌芽を感じとることができる。

読みどころ（一）　佐藤政権後期の3講演

早速個々の講演録の読みどころに入っていく。言うまでもないことだが読み手がどう読むか、何を興味深く思うかは、読み手に開かれている。その上で、日本政治外交史の知見から各講演の興味深い点や文脈を解説し、理解の補助線を提供したい。ここでは三つの時期に整理する。まず佐藤栄作政権期の3講演である。1970年代といえば二つの石油危機に伴う混乱で記憶されている。それは国際的危機であると同時に日本の危機でもあった。第一次石油危機の翌1974年に日本経済は戦後初めてマイナス成長を記録し、高度成長の時代も終わった。ところが70年代の日本と世界の変化は石油危機で始まったわけではない。70年代の出発点となる佐藤栄作政権末期の語りに耳を傾ける。

変わるアメリカ、日本の安全、アジアの平和、憲法と今できること――講演Ⅰ

最初の講演は参議院議員源田実が1971年1月21日に行ったものである。1960年に日米安全保障条約の改定を巡って安保騒動と言われる一大街頭騒動が起こった。「安保闘争」という言葉も時に見かけるが、運動する側に偏った美称と言うべきである。日米安保条約は改定されたが岸信介内閣は街頭の圧力で退陣を余儀なくされた。新安保条約に10年間の固定期限が定められていたことから1970年が次の焦点となった。佐藤栄作政権は高度経済成長下で歪みの解消を目指す社会開発に取り組み、沖縄返還の実現や非核三原則の宣明によって国内の対立を緩和し、1969年末の総選挙で圧勝することで、大阪万博の祝祭の中、この試練の年を乗り越えていった。

源田の講演が行われたのは、予想された危機の年を乗り越え、日米安全保障条約が自動延長状態で迎えた初めての年の始まりであった。源田は戦前の海軍職業軍人、戦後は航空自衛官として航空幕僚長まで務め、政界に転じて自民党所属の参議院議員となった。4年以内の解散総選挙によって権力を争う衆議院とは異なり、参議院は6年の任期があった。このことは特に初期の参議院に面白い人材を集めることになった。

講演冒頭から民主主義への違和感が告げられる。GHQが日本を去ってまだ20年と経っていない。いわゆる戦後民主主義への懐疑は大学紛争の過激学生にも見られた。

源田の関心は日本の防衛にある。ニクソン・ドクトリンにあらわれたアメリカの変化を前に、いかに日本の安全を守っていくのか。「自分が死んでも人を助けるという道徳が美徳とされるのは、個人の問題であって、国家の問題になったときは必ずしもそれは美徳とならない」。そこで「否でも応でも守らざるを得ない立場に置く」ことで日本の守りを確実にするにはどうすれば良いか。日米安保条約は重要である。しかしそれだけでは十分ではない。「地域の平和と安全を守ることが、まず自分の生命を守ることになってくる」。アジアあっての我々であり、アジアとは有色人種だけではないと説く。

これは戦後の非武装中立論・安保条約廃棄論への批判であることはたやすく読み取れ

る。しかしそれだけではない。吉田茂、池田勇人、佐藤栄作と引き継がれてきたと考えられている通商国家論への批判ともなっている。日本は通商に専心し、国防はアメリカ任せでいいのか。憲法についても、源田は「一番最大の障害は憲法である」と言う。「平和憲法だの、理想憲法だの言っている時期じゃない」。佐藤首相が1970年頃から国連演説などで日本国憲法の意義を高く評価する発言を重ねていくこととは好対照である。

源田の思いは三島由紀夫への評価にも見られよう。三島は自衛隊が治安出動しなかったことで憲法改正はもう不可能になったと自衛隊本部に侵入し、割腹自殺した。源田は「三島の腹の中には本当の日本人の血が流れて」いると述べる。事件後、中曽根康弘防衛庁長官から訓示を求められた猪木正道防衛大学校長は、憲法改正に自衛隊を利用しようとした三島の「破壊思想」を批判し、戦前1932年の五・一五事件で荒木貞夫陸相がテロリストの愛国心を高く評価したことがさらなる不祥事につながったと、三島のこのような愛国心についても否定した。

対して源田は三島を思い「私自身に省みて甚だ恥ずかしい」と述べている。しかしそうだろうか。先の憲法改正についても、源田は「今の憲法のままでもね、私はまだまだやる手はあると思っているんです」と語っている。憲法改正には3分の2以上の国会議員による発議と国民投票が必要であり、対する国防は待ったなしである。これは思想の問題ではない。源田のような実際的な保守政治家は佐藤政権と相性が悪いわけではなく、再建日本の安全に寄与してきた。

日米関係、中国代表権問題、転換期の日本——講演II

2人目、3人目の講演者は、源田以上に佐藤政権の中枢から日本政治を見て来た2人である。2本目は、経済企画庁長官を務めていた木村俊夫衆議院議員が、先の講演の約半年後、1971年7月14日に行ったものである。木村は佐藤と同じく運輸官僚から佐藤の勧めで吉田自由党に入り、佐藤内閣で内閣官房長官を務め、沖縄返還交渉が本格化する時期には副長官として内閣を支えるなど、佐藤長期政権の大番頭であった。産経新聞記者楠田實らによる佐藤の押しかけ政策ブレーンである佐藤オペレーション（Sオペ）との関係も深い。

講演のテーマは「これからの日米関係」であった。木村は自身が首相官邸にいた丸5年で日米関係が「非常な変わり方」をしたと言う。「最も大きい課題」であった沖縄問題については、返還協定の調印は実現したが、まだアメリカ上院での批准が残っていた。佐藤首相が「名実ともに戦後の時代に終止符」が打たれたと述べた「太平洋新時代」の到来であるが、繊維問題など新たな摩擦に見舞われ、難しい状況にあった。木村は日米関係の打開に「奇手、妙手はあり得ない」と言う。そこで日米経済人のコミュニケーションを求める。

日米関係で問題になっている資本や輸入の自由化、関税率の引き下げ、非関税障壁の撤廃などは経済界に影響が大きいが、日米関係を超えて「わが国の長期的な発展のもとになる、原動力になる」ことであり、「どうか一つ、ご辛抱を賜りたい」と述べる。日米関係は政府側の力だけではどうすることもできない時期になっており、「民間の、特に経済界の方々のご協力」を願うのであった。

直近の政治日程として沖縄返還協定を潰すわけにはいかない。さらに、国連の場での中国代表権の問題について言及し、「中国は一つなり」という立場を堅持しつつ、どのように対応していくか、安全保障理事会の常任理事国の議席がどうなるか、「野党、あるいは一部の方々のような無責任な立場」は取れないと説明する。

最後に木村は、これから日本が「国際的にも、あるいは内政国内的にも非常に大きな転換期になっているのではないかということを痛感する」と言う。これまで経済成長一本槍で進んで来た国内政治の転換が必要であり、今までの考え方を改めて、「幸いに蓄えたこの国力」を社会資本の充実にあてていかなければと説くのであった。

沖縄と中国、世界の中の日本の将来——講演III

3本目の講演はまたその約半年後、1972年1月24日に外務大臣の福田赳夫衆議院議員が行ったものである。この半年間は大きな半年間で、福田自身が「波瀾重畳の1971年」と述べているように、7月15日の米中頭越し接近と8月15日のドル・ショックの二つのニクソン・ショックに日本は翻弄され、10月には国連で日米の反対の取り組みにもかかわらず中華人民共和国の代表権が認められ、12月には円が切り上げられたスミソニアンレートが合意された。翌72年1月にはイギリスがEC加盟条約に調印し、ヨーロッパも大きく動いていた。

福田は戦前の大蔵官僚で戦後政界に転じた。佐藤の兄・岸信介の派閥出身で、佐藤派の田中角栄と共に内閣と党をまたいで佐藤長期政権を支えてきた。佐藤政権は4選を経て、これ以上の長期政権は考えられておらず、福田は佐藤の推す一番の次期首相候補であった。

福田はまず沖縄返還について語り始める。沖縄返還は当たり前ではない、戦後歴代内閣、沖縄県民、日本国民の長きにわたる苦労の結晶であり、感慨無量であるという。実現したのは「日本国の国力を無視して、アメリカはアジアの政策を行うことができない」からであり、「素晴らしい戦後の復興の過程」にも感慨を覚える。講演の直前に行われた日米首脳会談では世界の情勢が話し合われ、沖縄返還では5月15日という期日が決まり、今後は基地の整理統合に取り組むという。また、「中国との間の国交の正常化を進めたいと考えておる」と次の課題を示した。

福田の講演で印象的なのは、高度経済成長後の日本のビジョンである。日本は日米安全保障条約を必要とすると福田は言う。米軍の駐留はどうしても日本のために「当面」必要であり、その上で、戦後、経済大国となった日本は世界の国々がたどった歴史、「経済大国はすなわち軍事大国である、という道を選ばないんです」と宣言する。

これは佐藤首相が国連25周年の演説で述べた内容と同じである。展望できる未来に第三次世界大戦は起きないと判断し、持とうと思えば持てる巨大な軍備も、経済力、技術力では可能な核兵器の開発も行わず、「経済の協力を通じまして、与えられる国の社会の安全、安定を促進する。それを通じて世界の平和、世界の安定に寄与できる」と福田は語る。世界情勢は冷戦構造から多極化しつつある。そして世界中の政治家は緊張の緩和に向かっている。それによって「戦後26年間、この世界を動かした秩序」が変容しつつあり、その中で、経済力が大きいのに軍事大国となることを自ら抑止している日本は「特異体質」であり、資源に乏しい日本は「世界中が平和であって、初めてわが国への資源の補給も確保される」という。

世界の平和と日本の平和、世界の繁栄と日本の繁栄は一体であり、マイホームイズムではなく、アワホームイズムの日本外交でなければならない。福田は「世界の中の日本」という言葉を好んで使った（五百旗頭真監修『評伝　福田赳夫』岩波書店、２０２１年）。

読みどころ（二）

田中（角）内閣発足後の2講演

佐藤首相は福田外相を自らの後継者と考えていたが、福田は自民党総裁選挙で佐藤派を割って出た田中角栄に敗れた。佐藤長期政権への飽きから変化を求める思いもあったと言われる。小学6年生で首相が佐藤であった少年少女は、場合によっては高校を卒業して働き始めても首相は佐藤であった。

先の講演からの間に沖縄祖国復帰が実現し、田中角栄内閣が成立した。田中内閣の成立は一つのブームを引き起こした。54歳、高等小学校卒。「今太閤」と呼ばれた立身出世物語であった。ノンフィクション作家沢木耕太郎の短編（「イシノヒカル、おまえは走った！」『敗れざる者たち』新装版、文春文庫、２０２１年）に、田中が自民党総裁になったニュースに接し、うちの馬も勝つかもしれないという厩舎のおかみさんの言葉が出てくる。思いを共有する騎手は「根性のある馬だ。競馬は血統じゃない。馬しだいだ」とも述べている。田中は日本列島改造論でブームを起こし、その勢いのまま日中国交正常化を成し遂げた。しかし、余勢を駆って実施した１９７２年12月の総選挙で自民党は思うように勝てず、共産党と社会党が議席を伸ばした。

政治の流れを変える、日中国交正常化と日米安保、内政見通し――講演Ⅳ

４本目は、その田中内閣で官房長官を務めた二階堂進衆議院議員が１９７３年１月25日に行った講演である。二階堂進は佐藤にとっての木村がそうであったように、田中内閣の大番頭であり、語り部として登壇した。二階堂は「影のごとく」田中に付き添ってきたのだという。

田中は「政治の流れを変えよう」というスローガンを掲げ、大平正芳、中曽根康弘、三木武夫と一緒になって佐藤直系の福田に挑戦し、国民、党員の支持を得て勝利したと語る。佐藤は長期政権であり、安全保障政策が違い過ぎる野党への政権交代も期待できない。そこで変化は自民党内の派閥の競争が代替することになる。従来の官僚型、役所任せという政治では駄目と新政権の新しさを訴える。また、「生産第一主義から人間生活環境主義への転換」、「ヒューマニズムの精神に立脚した政治」への切り替えが必要で、福祉元年と言われたのも田中内閣であった。ただ実のところ、これらは全て社会開発を説いた佐藤政権からの継承であり、遺産である。田中の「決断と実行」に対比される「待つ政治」というのも言葉先行で、佐藤は沖縄返還交渉では機会をつくりながら時を待った。新しい政権は新しい言葉、新しい物語を必要とし、国民も歓迎したのであった。

その中で紛れもなく田中の積極性が表れたのは百年の大計としての日本列島改造論と大平正芳外相と協働した日中国交正常化であった。中国から見れば中ソ対立、アメリカから見ればベトナム戦争が米中接近を生み、さらにアメリカは中ソを天秤にかけて対ソ関係も有利に進めたいと考えていた。日中関係には戦争への償いの思い、冷戦で切り離されていた不満があったが、国際政治上の文脈は共通していた。しかし、国民にはアジアの緊張緩和の問題で、ベトナム戦争も和平協定で見通しがついたと思われたタイミングでもあった。にもかかわらずなぜ日米安保を堅持すべきか。

二階堂は、日米安保を「軍事的同盟ではない」「日米間の友好親善を深めるためのシンボルである」と位置づけてこれを堅持する政府の姿勢を説明する。これは1960年代の池田勇人政権で安上がりの安保効用論を説き、佐藤政権で国防をもう一度考えようと説いたのとはまた異なる。日本は中国からも「日米安保条約は必要であるという容認」を得た。「アジアにおける一つの平和の維持体制として、安保条約というものは定着しつつある」と説く。

政府として直近の政治課題も説明しているが、土地の問題について、「憲法すれすれ」の「私権の制限」についても議論されるようになっていると指摘している点は興味深い。田中は政治家として開発政治に一新紀元を開いてきた。また、東南アジア諸国についても、田中首相の訪問で日本の真意に理解を求め、経済大国になったことで軍事大国になるんじゃないかという危惧を払拭する必要があると述べている。

講演を読んで、佐藤政権からの断絶と継承のコントラストは、自民党が挙党一致で乗り越えた70年安保の危機、1970年を越えて日米関係を広く日本国民に定着させるために必要だった社会開発や沖縄返還や非核三原則などが、佐藤が次の後継者と考えた福田はもとより、佐藤政権を支えた田中によってもその後の自民党の哲学、それを超えて日本政治の哲学として明確化されていくようである。

日本の社会体制、日米関係、企業家の精神——講演V

5本目は企業人、盛田昭夫ソニー株式会社代表取締役社長が1973年7月16日に行った講演である。盛田氏はソニーの共同創業者でもある。ソニーと言えば、言わずと知れたエレクトロニクス産業の雄であり、日本が貿易立国を図る国であるとすると自動車とともに中心的な担い手でもあった。講演は「国際情勢と日本の企業」というタイトルで行われた。政府関係者ではないので、政府情報の提供という側面はなく、企業家が肌で感じる世界の変化が語られている。

盛田はまず、かまびすしく変化が論じられる時代にあって、日本の社会体制がどうあるべきかを改めてはっきりさせるべきであると言う。それは国際信頼とも関わる。2月14日にスミソニアンレートは完全な変動相場制に移行していた。盛田は、資本主義か社会主義かと言うが、資本主義という言葉が間違っていて「自由経済機構」であり、日本は自由経済機構の中でずっと進んでいくべきだと言う。従ってアメリカとも「不可分の関係にある」。1950年代の日本の財界は東西冷戦での体制選択を巡って保守政党を応援していたが、保革の体制選択は日本の高度経済成長と豊かさの中間層への広がりによって日本にとって決着はついたのだろう、そこで経済システムの話になる。

盛田はここでアメリカとの関わりを中心に、戦後日本経済の歩みを振り返る。そこに自らの歩みも重ね合わせられていることはおそらく当時の聞き手にも今日の読み手にも感慨深いものではないか。

日米間の一番大きな問題は「貿易の収支不均衡」という問題である。時代はずいぶんと変わった。その中でアメリカも日本の努力に対抗して努力する必要があるが、「日本人は残念ながらアメリカに対して思うことを言う習慣がない」のでコミュニケーションに欠ける点がある。また日本にとって、過去二十数年間、「ミゼラブルな終戦後の状況から、私たちが産業を築き上げてくる間の努力があまりにも苦しく、つらいものであったために、日本人は稼ぐ、働くことはよく知っておりますけれども、その働いた結果をうまく利用することを知らない」。エコノミックアニマルという「悪口」にも、「事実は、世界中足跡至らざる所なしと言っていいほど、日本の企業の人たちは歩いておる」と述べている。この一節に解説者は近年の中国の高度経済成長を思った。

「アメリカから見たら、日本は、自分で自分を守る力を持たない」という日米貿易摩擦下での町人国家論は、経済大国となっても軍事大国とならないという新たな日本の国是との関わりでも興味深いが、詳しく触れる紙幅はない。企業の社会的責任も公害が大問題となり、社会主義的な思想がなおも力を持つ中で重要な論点であり、順当な利潤と何より信用が根底を支えるのが自由経済機構であるという。

読みどころ（三）

石油危機後の3講演

そこに石油危機が襲う。人類は地球を外から見ることができるようになった。それは愛おしいほど貴重であり、有限な世界であった。産業化や人間生活に伴う環境破壊は深刻で、科学による克服に努力してきたものの追いつかない。日本でも環境庁を発足させ、個別の問題への対応を強化してきたが、１９７２年にはローマクラブが「成長の限界」というレポートを出して注目を集めた。その意識は、石油危機で国民全体に浸透していく。73年10月、第４次中東戦争の勃発を機にイスラエルと対峙するアラブ諸国が石油戦略を取ったために石油危機が起こった。原油価格の暴騰と必要量の供給すら危ぶまれた。資源を外に頼る日本では、原油から作られるトイレットペーパーといった紙製品の買いだめなど、全国的にオイルショックと呼ばれるパニックが起こった。翌74年度の日本経済は戦後初めてマイナス成長となり、高度経済成長も終わった。

田中内閣の日本列島改造論は物価の高騰を招き、石油危機がとどめを刺した。また田中首相の東南アジア歴訪は現地政治の事情から反日暴動に見舞われた。アメリカではベトナム戦争を収拾したニクソン大統領が野党に盗聴器を仕掛ける事件への関与で退陣に追い込まれ、フォード大統領が誕生した。日本でも首相が交代する。若くあれほど人気のあった田中が金脈問題で2年間で退陣となった。74年12月9日、自民党総裁選でお金が乱れ飛び国民の批判を決定的にすることを懸念する党内の知恵から、小派閥の三木武夫内閣が誕生した。

石油危機と目の前の経済危機、新しい日本経済、「日本の自殺」——講演Ⅵ

6本目の講演も企業人、土光敏夫経団連会長が1975年1月27日に行ったものである。土光はエンジニアから実業家の道を歩み、石川島播磨重工業社長の後、社長として東芝の経営再建に力を発揮した。1974年から経済団体連合会の会長となっていたが、この年は、前年末に起こった石油危機で「大変な混乱のうちにスタート」した。政府は福田を大蔵大臣に求め、「総需要抑制」とか「厳しい金融引き締めの政策」で危機の克服を目指し、「一応無事に越年し、［昭和］50年（1975年）を迎え」ることができた。講演時は三木内閣に交代して2カ月と経っておらず、大平正芳が引き続き大蔵大臣を務め、福田も副総理として尽力していた。

土光の講演は直面する経済危機を乗り越えていく具体的な努力の話に満ちている。福田が「全治3年」と言ったように経済回復には時間がかかる中で、「従来、貿易に依存して全てやってきておった」日本の貿易の先をどう見通していくのか。日本は貿易立国であるということを前提に、資源・エネルギーの問題、非常に優秀で豊富であった労働力の限界など、「産業構造の転換」が必要であるという政府の考えに、「我々もまた確かにそうであろう」と考えている。

土光は当面する物価高騰の克服のために「春闘で法外な賃上げについては非常に心配している」と言う。また、賃金を上げ、一段と福祉社会を建設するには、「経済にも相当な余裕が必要である」と言う。従来は「何でもかんでも作ったものを売ればいい」という感じだったが、今後は「高い技術、高い頭脳」による「高度の生産」を進める必要がある。そうすることで「世界から歓迎されながら、日本経済は繁栄していけるんじゃないか」。

土光は「どうしても取り上げざるを得ない」と原子力発電について述べている。１９７０年の大阪万博には原子力発電による電力が初めて送られた。水素、太陽光と石油に頼らないエネルギーの開発に努めなければならないが、軍事力を用いた資源確保を必要としない原子力発電は日本にとって夢のエネルギーである。しかし、２０１１年の東日本大震災での原子力発電所事故を経験し、なおも終わるわけではない現状に生きる私たちにとって考えさせられる内容である。

土光は現在の思想が被害者意識が濃厚で、「企業、殊に大企業は、全ての悪の根源のように言われて」いると言う。そのような思想の転換を必要とする中で、雑誌『文藝春秋』に掲載された「グループ一九八四年」による「日本の自殺」論文に言及する。「グループ一九八四年」とは経済人・牛尾治朗が集めた若き保守知識人たちで香山健一、佐藤誠三郎、公文俊平であったとされる（宇野重規「戦後保守主義の転換点としての一九七九〜八〇年」アンドルー・ゴードン、瀧井一博編著『創発する日本へ』弘文堂、２０１８年、52頁）。この論文は土光がたびたび取り上げることで社会の注目を集めた。

その趣旨は、産業文明の歴史のなかでの転換、明治維新以来百年の日本の近代化の歴史のなかでの転換、戦後史のなかでの転換という三つの転換サイクルが重なり合う時代に、あらゆる文明が外からの攻撃によってではなく、内部からの社会的崩壊によって破滅するという基本的命題に立って現代日本に警鐘を鳴らすものであった（グループ1984年『日本の自殺』PHP文庫、1984年）。とはいえ、この論文の強い危機感は、実は強い楽観主義に裏付けられているとみることもできる。それはそもそも1970年の日本をローマ帝国に比肩しうる絶頂とみてその衰退を論じていることである。日本は敗戦から25年を経て、持てる国となったのだ。企業批判の風潮の中でも「経済一流、政治は三流」と言われるようになるが、土光は三木内閣に期待して、「権力でなく、権威を持った政府」となることを求めた。

新しい政治と新しい政治集団、1980年の世界と日本政治──講演Ⅶ

7本目は新自由クラブ代表河野洋平衆議院議員が1977年2月21日に行った講演である。再び政治家の講演であるが、自民党を飛び出して新党を組織した注目の若手政治家であり、父は佐藤栄作にとって目の上のたんこぶであった河野一郎、叔父は参議院で佐藤に反旗を翻す河野謙三という政治一家であった。

三木内閣では75年4月30日に北ベトナムによる南ベトナムの武力併合で戦後の植民地解放戦争に始まり冷戦に翻弄されたベトナム戦争に遂に結論が出た。11月15日には石油危機後の国際経済の回復を図る大国間協調の場として日本も参加するランブイエ・サミットが行われた。この年はかつて帝国日本が常任理事国を務めた国際連盟が戦後改組された国際連合の国際婦人年（国際女性年）でもあった。他方、翌76年2月には田中前首相を巡る日米をまたいだ疑獄事件、ロッキード事件が明らかになり、同年12月5日の総選挙で自民党が後退した責任を取って、三木内閣は退陣した。「三木おろし」を主導した福田と大平のどちらが政権を継ぐかが議論されたが、年齢が上の福田が首相となった。

これまでの講演者の顔触れを想起しても河野洋平は若い。「ビートルズを聴いて育った世代」である。息子に至ってはヘッドホンで聴いているという。こうした国民の意識の変化の中で日本政治だけが固定化しているわけではない。河野は中央・地方をまたいだ日本政治の変化を説く。それが河野らが党内改革の余地も議論した上で自民党を離党した理由であった。

民主主義は確かに多数決が原則であるが、「多数決の原則の前に民主主義とは、多様化である。様々な意見が寄せられることが民主主義にとって最も大事な大原則であろう」と考えると、保守・革新、二大勢力の対決対立という今までの政治のあり方には見いだせない「新しい対応の仕方」が必要であると考えたのであった。支持を広げつつある彼らにとってこれからが正念場であると語り、1兆円減税や予算の組み替え動議などについても触れている。「今まさに、経済の高度成長から安定成長への構造を変えなければならん時代」に、新自由クラブはひたすら景気回復のために努力していると福田内閣の努力にも敬意を表しつつ、それとは異なる議論を展開していく。

河野らは「1980年という年」を目指しているという。それはアメリカの次の大統領選挙の年であり、日米安保条約改定からも20年目に当たる。先に固定期限が問題となった1970年とは異なり、自動延長なので何かがあるわけではないが、「安保ただ乗り論」やアジア問題の中での位置づけなど議論が必要である。日中平和友好条約の締結も確実視し、日本から見ると韓国とは経済的親密さに注目が行くが、アメリカの若者が板門店に青春を張り付けにされているという見方がアメリカにはあるということに注意を求めた。

河野は最後に、もう少し梃子《てこ》入れすれば自民党が息を吹き返して何とかなるのではという考えを否定し、「流動の中に安定を求めていくべきだ」と訴える。それは「自由主義社会に反対するものではない」「自由主義経済体制を否定するものではない」のであって、改めて彼らの取り組みへの支持と指導を求めた。

75年3月に三木武夫内閣が坂田道太防衛庁長官のもとで今後の防衛政策を考える上で国民の率直な意見を反映させたいと広く有識者を集めて討議を求める「防衛を考える会」を発足させたように、安全保障の問題も社会と考える姿勢を打ち出す一方、79年1月には経済人の松下幸之助が松下政経塾を設立して企業家目線での新たな政治人材の育成に取りかかった。自民党では70年安保を乗り越えるために当選しやすい候補を求め、中選挙区制下で地盤・看板・カバンに富む二世議員の存在感が増していた。その後の保革伯仲という政治状況もその傾向を強めることはあっても弱めはしない。他方、社会党や共産党など従来の革新勢力に期待できない革新層は新左翼と言われた。こうした中で日本政治の未来像を巡る議論は金権政治批判を超えて、民主主義の進化と変化を求めていく。

日本の強み、共存共苦の日米関係、残された課題——講演Ⅷ

本書最後となる8本目の講演は、大平正芳内閣で官房長官を務める田中六助衆議院議員が1979年5月23日に行ったものである。福田赳夫内閣は78年12月7日に退陣し、大平正芳内閣が成立していた。福田内閣はロンドン・サミット（77年5月）、ボン・サミット

（78年7月）で日本が国際経済を牽引する一角となる機関車論を約束し、名実ともに先進国協調の要となったが、赤字国債の発行が党内の対立につながった。また、78年8月12日には日中平和友好条約が結ばれ、10月には復権した鄧小平が来日した。戦前の婦人参政権運動家で戦後は長く参議院議員を務め、女性の地位向上に努めた市川房枝は、38歳の未知の主婦から「日中条約調印のニュース。私個人にとってもやはりうれしい出来事です。家族がみんな中国の土と化しておりますから」というファンレターを受け取った（財団法人市川房枝記念会監修『市川房枝集』第8巻、日本図書センター、1994年、192頁）。大平内閣に交代後、79年1月1日に米中国交回復が行われ、東アジアの安定という点で喜ばれたのもつかの間、1月16日にはイラン革命を契機に第2次石油危機が起こった。

大平首相の「手法は分からない、説明がしにくい、非常に理解しにくい」という評判が定まっている中で、終戦後からずっと新聞記者をやってきて政治家に転じた田中六助は、大平の人となりを語る説明役を担い、誤解の払拭に努める。田中角栄と共に佐藤政権への変化の政治を担った大平に「待つ」という性格を見いだしているのは興味深い。

大平は首相になると文化の時代、田園都市構想、総合安全保障、対外経済問題、環太平洋連帯など九つの研究グループをつくった。1960年代の池田が派閥をシンクタンクとし、佐藤がSオペという個人的ブレーンに支えられたことはあり、また、佐藤が社会開発で、田中が日本列島改造問題で懇談会を設置して知を求めることはあったが、大平は政権として、「近代を脱皮しなければならない現代の時代」の日本の課題を広く多角的に検討することを求めた。そこには「グループ一九八四年」の新しい保守知識人が中心となっていき、後の中曽根康弘内閣のブレーンにつながっていく。

田中六助の説明に戻ると、「大平の言いたいのは、日本は今こそ大国になっておるんだと。その意識を国民の皆様に持ってもらいたいと。世界はそういうふうにしか見てない」と指摘する。田中六助の言葉はなかなかに鋭く、ベトナム難民の問題も取り上げて、政府の動きに反対する方々もそういった「世界の中の日本」という意識で具体的に考えてほしいという。「世界に目を向けなければいけない時代。日本人がリフォーメーションと申しますか、精神革命を、終戦後30年にして総ざらいをしなければならない時代」なのだと語るのである。

大平の発想法についてさらに踏み込んで、「個を大切にする近代」は既に去っている、集団、組織の時代であって、「日本人というのは、組織の集団の生活を、むしろ西洋人よりも慣れた長い伝統を持っている国」だと説明する。個人を尊重することは当然として組織の時代、集団の時代なのだという。それは「本当に日本人に適した時代が来ておる」のであって、同じ発想から派閥への評価も高い。また、アメリカも理不尽なことを言うようで、田中六助自身が抵抗感を感じることもあるという。ベトナム戦争後の1970年代後半のアメリカはかつての輝きが嘘のように暗かった。79年2月のイラン革命では親米政権が倒され、同年11月にはアメリカ大使館が占拠されて、長く解決できないという事態にもなっていく。

大平の主張は日本について自信過剰なオラオラな態度と聞くこともできるだろうか。この年、エズラ・ボーゲルの『ジャパンアズナンバーワン』が出版され、東京サミットも開かれた。大平の立場は日本第一主義だろうか。それでこそ誇りある日本の保守政治家だろうか。そうではない。大平は、参勤交代でもあるまいしという声にもめげず訪米し、アメリカのカーター大統領に語りかけた。「まず自信を持ってくれ」「自由世界の中で、あなたが自信を持たなかったらどうなるか」と。大平政権のキャッチフレーズは「信頼」と「合意」であるという。大平は後に、「共存共苦」という言葉で日米関係を表現する（福永文夫『大平正芳』中公新書、２００８年、262頁）。

ここまで来るともはや１９８０年代のとば口に立っている。一般消費税の問題は導入を巡る長い混乱から21世紀の現在にまで影響を残している。高福祉の財源は広く負担されるべきというのは正論だが、この時は国民に受け容《い》れられなかった。そこで行政改革が先行することになる。消費者米価の問題や国鉄の赤字の問題も既に登場している。明治以来の追いつけ追い越せにまで言及しながら、「あらゆるものを含めて、反省すべき時期が今来ておる」と言う。東京サミットは第2次石油危機の中で日本にとって厳しい議事運営となった。大平内閣の進めている「精神革命」が分かりにくさにつながっていることを意識して、「分かってください」「皆様に訴えたい」と田中六助は語るのである。

突然訪れる1980年代と永遠の今としての1970年代

ここまで1970年代の旅を続けてきた。それもひとまず終わりである。講演録であるので、その時代時代の物言いがあらわれていて、中には現在からみれば不適切なものも残っているが、注もあわせ読めば理解が一方的にならないよう工夫に努めた。

1970年代は現在から約50年前の世界である。本書企画にお誘いいただき、御厨先生から「みんな楽観的なんだよ」と聞いたときにとても面白いと思った。日本政治外交史を大学で教えていると、1853年のペリー来航から2010年代までを史的に整理して提供する。現在では史料実証研究が分厚いので、そこからいつ頃がどのような時代かのイメージをつくる。70年代は外交史から入れば大きな国際変動に伴う危機と混乱の連続であった。政治史から入れば派閥抗争で次々と首相が倒れていく、これまた混乱の時期である。いずれも明るさからはほど遠い。そしておそらく決定的であったのが個人の記憶だと思われる。第2次石油危機だと思うが、部屋の電気をこまめに消すようによく注意を受けた。消すと部屋は暗くなる。そもそも70年代末頃は住んでいる地域によっても違うだろうが、現在と比べて町も家の中も暗かった。そのイメージがあった。同時代史は難しく、だからこそ面白い。

70年代最後の首相大平正芳は1980年6月、首相在任中に急死する。この事実を知っている者が読むと、最後の田中六助の講演には「命というものは、明日は分からない」といった大平の死を予見させるような語がいくつもあって驚かされる。それはもちろん田中六助に予知能力があったからではない。クリスチャンであった大平はエターナル・ナウ（永遠の今）を心情としていた。そのことと関わりがあるのだろう。今を全力で生きる。その今が重なり合うことで歴史となるという世界観である。

1970年代は永遠に続くのか。それは突然断ち切られた。79年12月、ソ連はアフガニスタンに軍を進めた。このことで世界は再び東西対立の緊張を高め、新冷戦と呼ばれた。大平内閣の総合安全保障論は、安全は地震災害など軍事だけで担保されないというデタント期の日本の世界観と得意分野に沿うものであったが、新冷戦となり、西側諸国が一致してモスクワ・オリンピック（1980年）をボイコットする状況の中で、軍事大国化を嫌がる日本がいかに国際的批判をかわしながら世界の安全に寄与するかという問題に転じた。実は当時の日本にまだできることと、軍事大国化との間には遥かに距離があったのだが。

こうしてデタントの1970年代と新冷戦の1980年代という対比の中で、また、マイナス成長の日本とバブルの日本という対比の中で、日本の1970年代はタイムカプセルのような特別な時間と空間だったのだろうか。

講演録を読んでくださった読者には解説者の結論に想像がついているだろう。そうではない。戦後がつくった戦後ではない時代、それが1970年代であり、今につながる出発点となっている。読者にはもう一度それぞれの講演者が何年に生まれているかを確認してほしい。現代日本は、その時々の国民の理解を得ながら、国内社会が変わっても国際環境が変わっても、経済大国化しても軍事大国化しない平和大国を目指す挑戦を続け、豊かさと平和を国内と世界に均霑《きんてん》したいと願った。それが自らの生存を図る術でもある。とはいえ願うだけでは実現しない。社会の持続性と国際社会との調和にも留意して様々な施策を打ってきた。目的も手段も効果も議論は続くが、その挑戦は今も続いている。

本講演録の面白さは内外情勢調査会という場の面白さでもある。こうしてみれば内外情勢調査会の１９８０年代の講演録も読んでみたいと思うのは解説者の欲深さだろうか。

主な引用・参考文献

全体

・五百旗頭真編『日米関係史』有斐閣、2008年
・五百旗頭真編『戦後日本外交史〈第3版補訂版〉』有斐閣、2014年
・五百旗頭真監修、井上正也・上西朗夫・長瀬要石著『評伝　福田赳夫――戦後日本の繁栄と安定を求めて』岩波書店、2021年
・猪木正道『私の二十世紀――猪木正道回顧録』世界思想社、2000年
・エズラ・F・ヴォーゲル著、広中和歌子・木本彰子訳『ジャパンアズナンバーワン』ティビーエス・ブリタニカ、1979年
・外務省「外交青書」https://www.mofa.go.jp/mofaj/gaiko/bluebook/
・北岡伸一『日本政治史――外交と権力〈増補版〉』有斐閣、2017年
・河野康子『日本の歴史24　戦後と高度成長の終焉』講談社学術文庫、2010年
・添谷芳秀『入門講義　戦後日本外交史』慶應義塾大学出版会、2019年

・福永文夫編『第二の「戦後」の形成過程――1970年代日本の政治的・外交的再編』有斐閣、2015年
・御厨貴・牧原出『日本政治史講義――通史と対話』有斐閣、2021年
・村井良太『佐藤栄作』中公新書、2019年
・渡邉昭夫『日本の近代8――大国日本の揺らぎ 1972～』中公文庫、2014年
・渡邉昭夫編『戦後日本の宰相たち』中公文庫、2001年

巻頭特別企画1

・岡義達『岡義達著作集』吉田書店、2024年

巻頭特別企画2

・泉麻人編『昭和生活文化年代記5　50・60年代』TOTO出版、1991年
・共同通信社戦後70年写真事業実行委員会編『the Chronicle―ザ・クロニクル戦後日本の70年―6』『同7』共同通信社、2015年
・古川隆久『昭和戦後史(下)――崩壊する経済大国』講談社、2006年
・村松友視編『昭和生活文化年代記4　40年代』TOTO出版、1991年

内外情勢調査会講演録 ―本編―

Ⅰ・源田実『指揮官』時事新書、１９６８年
・『世界週報』１９７０年８月18日号、時事通信社、１９７０年

Ⅱ・総理府編『時の動き――政府の窓』１９７１年８／15号、大蔵省印刷局、１９７１年

Ⅳ・田中角榮『日本列島改造論』日刊工業新聞社、１９７２年
・二階堂進『己を尽して――私の履歴書』日本経済新聞社、１９８６年

Ⅴ・盛田昭夫他著、下村満子訳『MADE IN JAPAN――わが体験的国際戦略』朝日新聞社、１９８７年
・盛田昭夫・石原慎太郎『「ＮＯ」と言える日本――新日米関係の方策』光文社、１９８９年
・盛田昭夫 公式サイト「The Akio Morita」https://akiomorita.com

Ⅵ・通商産業省編『産業構造の長期ビジョン』通商産業調査会、１９７４年
・『文藝春秋』昭和五十年二月特別号、文藝春秋、１９７５年

Ⅶ・衆議院事務局編『正副議長経験者に対するオーラル・ヒストリー事業　第71代・72代衆議院議長　河野洋平』衆議院事務局、２０２３年

Ⅷ・『大平総理の政策研究会報告書』自由民主党広報委員会出版局、１９８０年

解説

・アンドルー・ゴードン、瀧井一博編著『創発する日本へ――ポスト「失われた20年」のデッサン』弘文堂、２０１８年
・グループ１９８４年『日本の自殺』ＰＨＰ文庫、１９８４年
・財団法人市川房枝記念会監修『市川房枝集』第８巻、日本図書センター、１９９４年
・沢木耕太郎『敗れざる者たち』新装版、文春文庫、２０２１年
・福永文夫『大平正芳』中公新書、２００８年
・吉田茂『回想十年　４』中公文庫、１９９８年

監　修

御厨 貴（みくりや・たかし）

東京大学名誉教授、東京大学先端科学技術研究センターフェロー。公益財団法人サントリー文化財団理事。

1951年東京都生まれ。75年東京大学法学部卒業、78年東京都立大学助教授、88年同教授、ハーバード大学客員研究員を経て、99年政策研究大学院大学教授、2002年東京大学先端科学技術研究センター教授。博士（学術）。専門は日本政治史、オーラル・ヒストリー、公共政策。著書に『政策の総合と権力』（東京大学出版会、サントリー学芸賞）、『馬場恒吾の面目』（中公文庫、吉野作造賞）、『権力の館を歩く』（ちくま文庫）、『近現代日本を史料で読む』（中公新書）、『オーラル・ヒストリーに何ができるか』（岩波書店）など多数。

2018年紫綬褒章、2024年瑞宝中綬章を受章。

編　集

村井 良太（むらい・りょうた）

駒澤大学法学部政治学科教授。

1972年香川県生まれ。2002年神戸大学大学院法学研究科博士課程修了、03年駒澤大学法学部講師、07年同准教授、13年より現職。ペンシルバニア大学客員研究員など。博士（政治学）。専門は日本政治外交史。著書に『政党内閣制の成立　一九一八～二七年』（有斐閣、サントリー学芸賞）、『政党内閣制の展開と崩壊　一九二七～三六年』（有斐閣）、『佐藤栄作』（中公新書、日本防衛学会猪木正道賞特別賞）、『日本政治史』（共著、有斐閣ストゥディア）、『市川房枝』（ミネルヴァ書房）など。

70年代《ねんだい》講演録《こうえんろく》から読《よ》み解《と》く 楽観《らっかん》の時代《じだい》

――戦後《せんご》世代《せだい》が築《きず》いた「現在《げんざい》につながるゼロ年代《ねんだい》」――

2024年12月13日　初版発行

監　修：御厨 貴
編　集：村井 良太
企　画：一般社団法人 内外情勢調査会
発行者：花野井 道郎
発行所：株式会社時事通信出版局
発　売：株式会社時事通信社
〒104-8178 東京都中央区銀座5-15-8
電話03(5565)2155　https://bookpub.jiji.com/

校閲・校正：福田 智弘・溝口 恵子
装丁・本文デザイン：出口 城
DTP／印刷・製本：株式会社太平印刷社
編集協力：渡邊 倫太郎・剣持 耕士・松澤 美穂・
笠松 有紀・新井 晶子
編集：高見 玲子

ISBN978-4-7887-2004-6 C0031 Printed in Japan